みんなの神さま

神社で神さまとご縁をつなぐ本

神さまの専門分野を知って、
ご利益を確実にいただくために

西邑清志
開運神社ナビゲーター

私たち
パワスポめぐり
大好き女子です♡
超〜田舎！
虫とかいそう〜
今回の
パワスポは
山奥だね
パワ子（31）
（OL）
・金と男大好き女子
金持ち男子は
どこにいるの？
パワスポ
スポ美（28）
（営業企画）
・名誉《めいよ》命《いのち》女子
早くキャリアアップ
したいな
ピッピッ
WORK
しかし
落ち葉が
すごいね
たしか
真ん中歩くと
いいんじゃ
なかった？
やっと着いた〜〜

神さまも気づいてくれそうだよね
目立たないとやっぱダメでしょ
あ、そういえば今日どうする？
あそこで手洗っとく？めんどいけど……
いいんじゃない？今日は寒いし
また今度にしよう
いそげー
早く願い叶えてもらおー
………
よし！十分にご縁があるように15円ね！
チャリーン！
神さま～昇格させて～
男子からモテるようになりますように！
金持ちと結婚できますように！
プロジェクト任されますように
早く主任になれますように……
…つづく

1か月後——
カチャ
……で その後どーよ？
何かいいことあった？
それが全然めっきりだよ
大体どんだけ行けば叶うわけ!?
イライライラ
うん だから いいアプリ見つけたよ！
必ず叶うって！ だからもう大丈夫だよ!!
必ず叶う!! 最強パワースポットアプリ
やった～！ すごいじゃん！
なんかここ いいパワスポらしいよ！ 超キレイだし……
でね
もしもし
えっ？

開運神社
ナビゲーターの
西邑清志《にしむらきよし》です！
はじめまして
私は神職として皆さんが
確実に神さまと仲良く
なっていただけるよう
ご縁を執《と》り持つ
お役目を務めています
これまで神社に
お連れして
神さまとご縁を
持たれた方は
総勢約6600人
神さまありがとう!!
ビジネスや
恋愛、健康などの
ご利益《りやく》をしっかり
いただいています
結婚しました一
合格しました
皆さん神さまと
仲良くなられ
Business
Health
Love

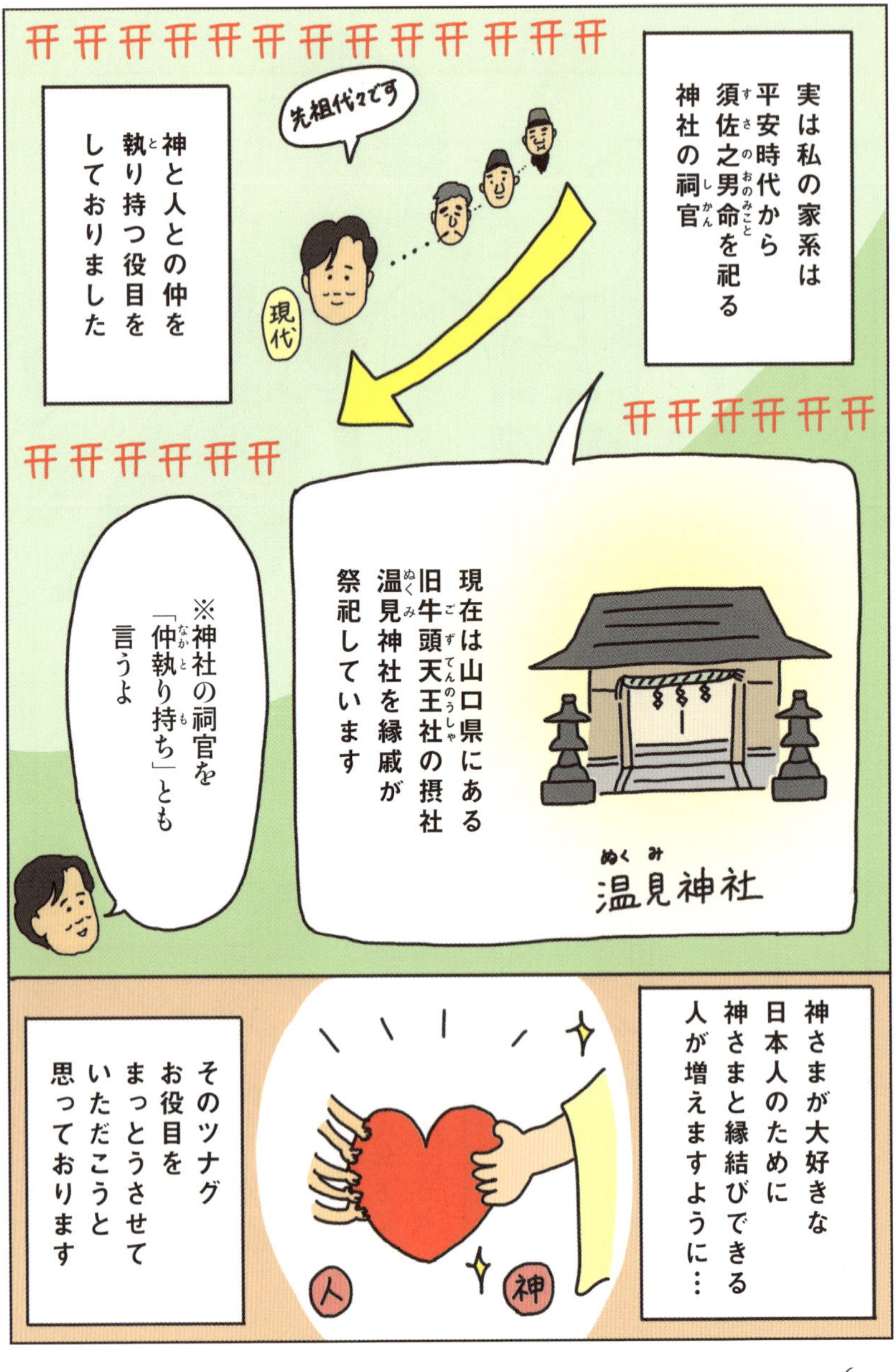
実は私の家系は
平安時代から
須佐之男命《すさのおのみこと》を祀る
神社の祠官《しかん》
先祖代々です
現代
神と人との仲を
執《と》り持つ役目を
しておりました
現在は山口県にある
旧牛頭天王社《ごずてんのうしゃ》の摂社
温見《ぬくみ》神社を縁戚が
祭祀しています
温見《ぬくみ》神社
※神社の祠官を
「仲執《なかと》り持《も》ち」とも
言うよ
神さまが大好きな
日本人のために
神さまと縁結びできる
人が増えますように…
人
神
そのツナグ
お役目を
まっとうさせて
いただこうと
思っております

へー神さまとご縁をつないでくれるなんておもしろそ〜！つながれば願いは叶えてもらえるの？
もちろん
ただ……このままじゃ無理ですね
1か月前の参拝を拝見しましたが願いを叶えてもらえるとは思えません
男ほしー
ペキャクキャ
え？見てたの？
何かコツがあるのかな…？
努力してるのに…
そう　コツがあるんです
実は神さまにも個性があって願いによって叶いやすい神社があるんですよ
さらに……

鎌倉時代、戦国時代の武将、歴代首相、大企業の経営者など世の中で成功している人たちはみな神さまとつながる秘密を知っていました
戦国武将…
徳川家康
源頼朝
歴代首相…
佐藤栄作
吉田茂
松下幸之助
経営者…
キラーン
それを実践していたためにご神徳を得ることができたのです
パワースポットならどこでもいいわけじゃなかったの？驚きだわ！
その秘密早く知りたいよ〜
キャリアアップ…
ではこの本で特別に「神さまに願いを確実に聞き届けてもらうための方法」をお教えしましょう

……
やったね！これで彼氏ゲット!!
ワワワワ
神さまと仲良くなれば運気も好転しますよ！
さ、お茶の続きしましょう
ほっほっ
ほんとに〜!!
ガシャン
…………
ぐっちょり
ボクの運気は落ちたのかな……
感情ためるタイプなのね…
ハハハハ
ごめんなさい〜
オニューなのに…
づくー

はじめに

❖ 神社とは最高のパワースポット！

「この前、友達が○○神社でお願いしたら、その後すぐに彼氏ができたんだって！」

「えっ、本当〜。それどこの神社？　私も行く！」

ここ数年、パワースポットブームのためか、こんな会話をちまたでよく聞くようになりました。おそらく多くの人が、自分の身に「いいことが起こってほしい」という願望を叶えてもらうために、足しげく神社に参拝するのでしょう。

パワースポットブームには賛否両論ありますが、私は日本人が日本の歴史と伝統と文化に目覚めたことはいいことだと思います。というのも、**神社は、日本古来から神さまが降臨する場所であり、行くだけで元気が湧いて、前向きな気持ちになれる場所**だからです。神社こそ、最高のパワースポットと言えるでしょう。

申し遅れましたが、私は開運神社ナビゲーターとして、どうしても願いを叶えてほしいと望む人たちに、どのように参拝・祈願をすれば神さまに願いが届くのかをお伝えしながら、開運する神社にご案内させていただいております。

私は、平安時代から続く、神社神主《かんぬし》の家系に生まれました。先祖は出雲にある須佐之《すさの》男命《おのみこと》を祀る須佐神社から、ご分霊を現在の山口県に勧請《かんじょう》(その神さまの魂を分けていただいて別の場所〈神社〉にお祀りすること)して、その神社の宮司《ぐうじ》をしておりました。

神社では、神主や神職のことを「仲執り持ち《なかとりもち》」とも言います。仲執り持ちとは、神さまと人をつなぐお役目を担う人のこと。つまり神さまと人間の仲を執り持つお役目のことです。平安時代から平成に世は変わりましたが、私は神職として、皆さまと神さまをつなぐお役目ができたらという気持ちで仕事をさせていただいています。

そんな中、私自身も驚くことは、一緒に参拝された方の多くが、神さまとつながり願いを叶えていらっしゃるということです。

神社参拝後、帰りの電車に乗ったとたんに長年待ち望んでいた大きな仕事が決まり、局長訓示の電話連絡が入ったというテレビ関係者、新たな仕事がどんどん入ってくるようになったという起業家、参拝数日後からご主人の仕事が広がり始めたと喜ばれる奥さま、参拝直後に念願の子宝に恵まれたという女性、なかなかプロポーズしてくれなかった彼との結婚が決まったＯＬさんなど、ご利益《りやく》話がどんどん舞い込むのです。

他にも、「はじめは半信半疑で神社参拝をしていましたが、どんどんいい方向に向かうようになったので、今ではお礼もかねて神社に通っています」「神社に通ううちになんだか若々しくなったと周りの人から言われるようになりました」「神社参拝をはじめてから人とのご縁が広がりました」「反抗期の息子がやさしい言葉をかけてくれるようになりました」など、あげればきりがありません。

ご利益《りやく》話を聞くことができるということは、神さまに願いが確実に届けられた証拠でもあります。決してご利益信仰だけになってはいけませんが、神社参拝の入り口としてご利益をいただくことで、神さまを信じる心がさらに育ち、皆さんに幸せになっていただければ、私も神職冥利に尽きる、というものです。

❖ 神さまも人のために何かしたいと思っている

このようにお話しすると、「あれ？　神社って神さまに感謝する場所であって、お願い事をする場所ではないのでは？」と言われる方も多いのですが、実は神社の神さまも、私たち人間のために何かをしたいと常日頃考えていらっしゃいます。ですから、感謝とともにお願いをさせていただくことは、まったくかまわないことなのです。

ただし、神さまのご神徳を期待するなら、次の三つのことが欠かせません。

一つめは、**しっかり願いを聞き届けてくれる神さまのいらっしゃる神社を探すこと。**二つめは、**神さまに失礼のないようなお願いのしかたをすること。**三つめは、**神さまに愛されるような姿勢で日々を過ごすこと。**

皆さんがこの三つを実践できたとき、はじめてお願い事が叶うのです！

遠い昔の人たちは、そのことをよく理解していました。特に古代の人や、戦国武将たちなどは、神さまに感謝し、神さまに祈れば、目に見えない何かの力が働くことを何度も実感していたのでしょう。

だからこそ、国の平和や民の平和を願ったり、戦勝祈願や社殿の奉納、修復などを施し、神社を篤《あつ》く崇敬したのです。真剣に祈り敬えば、神さまからそれなりのものが返ってくるということでもあるのです。

そこで本書では、神さまが大好きな日本人のために、神さまと仲良くなって、確実にご利益をいただける人になるためのマナーや心がまえなどをたっぷりと掲載しました。この本を読んで神さまとのご縁を結び、運気好転にお役立てください！

開運神社ナビゲーター　西邑清志

もくじ

第一章　神さまとつながるために知っておきたいこと――19

第二章

神さまには専門分野がある！

あなたの願いを叶えてくれる神社に行こう！

第三章 神さまに必ず願いが届く参拝マナー——103

第四章

第一章

神さまとつながるために知っておきたいこと

神さまとのご縁をしっかり結ぶために、これだけは知っておきたい神社のこと、神さまのことをお伝えします。

- □『古事記』や『日本書紀』を読んだことがある
- □神社に参拝する前に、その神社のご祭神や由緒などについて、調べる
- □神社に正式参拝するときは、必ずスーツなどフォーマルな格好をしていく
- □鳥居をくぐる前、鳥居を出るときは、必ず神さまに向かってあいさつする
- □拝殿前で神さまにお願い事をするときは、清らかで美しい言葉で唱える
- □おみくじに書いてある和歌までしっかり読む
- □産土《うぶすな》神社には日頃から参拝している
- □伊勢の神宮に、年に1回は参拝している
- □産土神社や崇敬神社の例大祭に、少なくとも年1回は参列する
- □家に神棚があり、毎日手をあわせている

どう？
YESが
8個以下なら
神さまと仲良く
なる前に神社や
神さまのことを
勉強することが大事
……
え――！
勉強って
大の苦手……
えっ
でもよ～く考えて
みてください
もしあなたと
仲良くなりたいという人が
訪ねてきたとしましょう
あの～
仲良く
したいです
あなたのことよく知らないけど
なんか有名人っぽいので
――さてどう思いますか？
ここのご祭神って
何だっけ？
え～わからないけど
願いはけっこう叶えて
くれるらしいよ
……
神
神さまだって私たちと
同じで神社や
神さまのことをよく
学んでから来てほしいと
思っているわけです

確かに
私たちって
パワスポ巡りは
してたけど
何も知らないで
行ってたよね
でしょうね
……
相手を知ることによって
さっきの流れも
変わってきます
あの〜
仲良くしたいです
あなたのこと
たくさん知ってます
ほら 今度は
どうでしょう
国体に出場するほどのスポーツマンなんですよね
えっ!
そんなことまで
知ってるの?
うれし〜い!
というわけで
願いをしっかり
届けるためにも
まず神社や神さまの
ことについて
見ていきましょう
詳しく知る
ほどに……
あの〜
西邑さん

どうしたの？
あの……
何？
いいとこだったのに・・・
私……気づいちゃったんです
ズイッ
私　神さまのこと全然勉強してなくて……
昇進できないのはいつも貧乏神にお願いしてたんじゃないかって!!
……　……
え、そこ…？
そっか〜だから私も貧乏男としかつきあえないんだ〜
だから給料上がらないんだ〜
トホホ・・・そこじゃないですから・・・

「神さまとつながる」ってどういうこと？

❖手をあわせると願いを届けるレーダーになる！

神社に参拝をするときは、拝殿の前で胸の位置に手をあわせますね。

実は、手をあわせることは、神さまへ願いを届けるレーダーとなります。このレーダーから出る波動を感知して、神さまが神界から降りてこられるのです。

でも、残念ながら、手をあわせてもレーダーから波動がまったく出ていない人もいれば、細く弱く出ている人、強く太く出ている人などいろいろです。

その違いは、三章で詳しくお話ししますが、神さまに好かれるような生き方をしているかどうか……によると言えます。

天気を司る龍神さまが祀られている神社などで、神さまにつながるパワーの強い人が参拝すると、さっきまでお天気だった空から急に雨が降り出し、雷が鳴ったりすることもあるほどです。

そこまでの力がない人でも、神さまとつながると、急に横からふわ〜と風が吹いてきたり、体をなでてくれたりするような感覚を抱くこともあるでしょう。

そのときは、「なんか、神さまに触れちゃった!!」などとさわがずに、「やっとお会いできた。神さまに来ていただけたんだな。私も努力した甲斐があったな」と素直に心の中で受け止めましょう。

ちなみに、会社やチームなどで一致団結して目標を達成したい、という場合は、一人で祈るよりも、団体で参拝して祈るほうが効果的。そのほうが、神さまへ願いを届けるレーダーが強くなり、結束力も高まるので願いが叶いやすくなります。

神社で神さまとつながるようになると、恋人、仕事上のパートナーなど、人間同士の良縁も結ばれるようになってきます。**縁とは神さまがもたらすもの**だからです（特に、出雲系統の神さまは目にみえない世界、すなわち、縁を担当する神さまです）。

波動（波長）を高くして、神さまからの援助がいただけるようになると、自分を大切にしてくれる恋人にめぐり会ったり、仕事で同じ志の人と出会えるなど素晴らしい縁が結ばれるようになるのです。いいご縁を引き寄せたいなら、神さまとつながるようになることが必要不可欠なのです。

より願いが叶いやすい参拝とは？

❖観光参拝と正式参拝

参拝には「観光参拝」と「正式参拝」の二つがあります。

観光参拝とは、冒頭マンガにあるように、家族や友達と観光がてら神社にきて、おしゃべりをしながら参道を歩き、お財布にはいっぱいお金が入っているにもかかわらず、賽銭箱《さいせんばこ》には「十分にご縁がありますように」と15円ぽっきりを投げ入れ、「神さまがいるかどうかわからないけど、せっかく来たんだから参拝をして帰ろう。確か二礼二拍手だったよね？」などと自分勝手に願って帰ることです。

一方、正式参拝とは、「神さまに会いにいく」という気持ちで、正式な方法で参拝する方法。○月○日○時に、△△神社の○○の神さまに参拝しようと決め、スーツを着て、鳥居をくぐり、無駄話をせず心を静めて参道を歩き、祈禱料《きとうりょう》（初穂料《はつほりょう》）を神職さんや巫女《みこ》さんにお渡しして、昇殿してご神前に参拝することです。

拝殿（ご神前）では、神職が参拝を申し込んだ方のお願い事を、私たちの代わりに

なって神前に奏上してくれるので、その後、玉串《たまぐし》を神さまに捧げ、二礼二拍手一礼の順で、威儀《いぎ》を正して参拝します。**正式参拝をすると、神さまに誠の気持ちが通じやすくなり、願いがより届きやすくなる**のです。

❖神職は動く神社

もしあなたが今の状況を早く改善したい、と願っているなら、ぜひとも「正式参拝」をおすすめします。**神社や神域などで修行を積んだ神職は、「動く神社」となって、神さまが降りてくる「神柱《かんばしら》」を立てることができる**ので、私たちの願いを神職さんを通してお願いさせていただくと、神さまへの願いが通じやすくなるからです。

昔の人は、そのことを知っていました。だからこそ、日本の歴史上に登場する偉人たちは、戦勝祈願をする際に、必ず神柱を立てた神職や陰陽師《おんみょうじ》をそばに連れていたのです。あの織田信長も、戦のときに神職、陰陽師を側近にしていた絵が残されています。

皆さんも時間とお金と体力を使って神社にお願いしにいくのであれば、正式参拝をしてみてください。ただし、自分の叶えたい願いをよく聞き届けてくれる神社に行くことが大事です。

これについては、二章で詳しくお話しします。

神社には長居をするほどパワーをいただける！

❖神さまと人間は持ちつ持たれつの関係

　神社の神さまに祈れば祈るほど、祈った神さまの力（ご神力）が大きくなって、私たちをより強力に守っていただけるということをご存じですか？

　鎌倉時代、第三代執権の北条泰時は、貞永元年（1232年）に鎌倉幕府の基本法典「御成敗式目《ごせいばいしきもく》」をつくりましたが、その中に次のようなことが記されています。

「神は人の敬《けい》によりて威《い》を増し　人は神の徳によりて運を添ふ」

　意味は、いかなる神も、人間の崇敬（祈り）をうけてこそ、そのご威光を輝かし、祈った人が人としての運を与えられるのは、祈った神の徳によるものである、というもの。

私たち日本人は、神さまとの間に持ちつ持たれつの関係を長年築いてきたのです。

　ですから、みなさんが神社に行くのでしたら、どんどん祈ってください。神社にお願いに行くのでしたら、一人とはいわず、二人、三人……十人と、できるだけ多くの人たちで参拝に行くと神さまもお喜びになられます。

「神社に参拝に行く」ということは、目に見えない「神さまとのご縁」がつながることなので、パワーをいただけるようになり、運もよくなってくるのです。

また、神社に参るときは、その場所に長く居れば居ただけ、その神社（パワー・スポット）の気をいただけますので、30分以上は神社にいてくださいね。

❖元気がないときこそ神社へ行こう

元気がないとき、落ち込んでいるとき、トラブル続きのときこそ、神社参拝をおすすめします。俗界にまみれて過ごしていると、気が枯れてしまいますので、そんな時こそ神社でエネルギーチャージをさせていただきましょう。

神社に行くことで私たちの痩せた魂と、神の魂が接し、痩せた魂を太らせ元気や明るさを取り戻すことができるからです。

また、神社に足しげく通うと顔にツヤが出てきて、健康になってきます。おそらく神さまは、現実世界で神さまの代わりとなって世のため人のために働いてくれる人を探しているのでしょう。滅私《めっし》の精神で働いてもらうためにも、健康な身体と若々しさを与えてくれるのです。

日本に八百万の神さまがいらっしゃるわけ

❖日本人のおおらかな精神が育んだ多神教

日本では、古来からあらゆるものに八百万《やおよろず》の神が宿っていると信じられてきました。日本最古の歴史書である『古事記』や『日本書紀』には、伊邪那岐命《いざなぎのみこと》と伊邪那美命《いざなみのみこと》という二柱の神さまが、たくさんの神さまをお産みになられたと書かれています。

島、山、川、木、風、水といった自然の神さまから、穀物や火の神さま、そして、伊邪那美命の嘔吐物《おうとぶつ》や糞《くそ》、尿も神さまとなり、伊邪那岐命が禊《みそぎ》(川で黄泉《よみ》の国の穢れを祓う)を行うと、日本を代表する天照大御神《あまてらすおおみかみ》や素戔嗚尊《すさのおのみこと》などの三貴神もお生まれになりました。

なぜ、日本にはたくさんの神さまが存在するのでしょう?

それは、日本人の「おおらかな精神」の現れだと思います。

四世紀頃から、日本には中国大陸や朝鮮半島からの渡来人がたくさん渡ってきたことにより、仏教が伝来します。しかし、日本は神道《かんながらのみち》の国。神の国に仏教を入れたら、

日本の神さまがお怒りになると主張する物部《もののべ》氏と、仏教を入れるべきだとする蘇我《そが》氏の間で戦いが起こり、蘇我氏が勝利しましたが、いざ仏教を導入してみると、うまく神道と融合して、仏教も日本独自の発展をしていったのです。

このように、日本人は「いいところ」をうまく取り入れて仲間にするという寛容な精神を持っているからこそ、神さまがどんどん増えていったのでしょう。

チベット仏教の法王ダライ・ラマ十四世は来日するたび、石にも手をあわせる日本人の姿を見てびっくりされるそうです。石にも神が宿ると考える民族は、おそらく他にはあまり類をみないのではないでしょうか。

日本人の質の高さこそが、多くの神に守られる神国をつくり出したのでしょう。そんな神々をお祀りするのが「神社」という場所。日本古来の精神を思い出して、参拝することで、神さまからの幸せをいただけるのです。

日本人が昔から崇拝していた三つのもの

❖自然崇拝、先祖崇拝、怨霊崇拝

どんなものにも神が宿ると考える日本人ですが、崇拝の対象となるのは大きく分けて三つです。一つめは「**自然崇拝**」。これは、**岩、川、山、火、風、雷などあらゆる自然物や自然現象を神と崇めて崇拝すること**です。台風、洪水、地震、川の氾濫、火山の噴火など、自然災害の多い日本では、天災を神の怒りとして恐れていました。それゆえ、自然に神を見い出したのでしょう。

二つめは「**先祖崇拝**」です。「親は祖に基づき、祖は神に基づく」という言葉がありますが、これは「親を大事にすることは祖先を大事にすること。なぜなら、祖先に近いのは親であり、そのまた祖先は神に近い存在だから、祖先を敬うことは神を敬うことなんだ」という意味です。

先祖＝お墓参り＝仏教と考えがちですが、実は「先祖崇拝」は、仏教の発祥地であるインドには存在しない日本土着の信仰精神。日本人はお盆になるとあの世から戻られるご先祖をもてなすためにお墓にお迎えに行ったりしますが、これも**ご先祖を神さまとして祀ること**からできた行事です。

先祖崇拝の精神は、神さまとお近づきになれる素晴らしい信仰です。ただし、亡くなって間もないご先祖にお願い事をしてもほとんど効果はありません。ついこの前まで人間だった人は、あの世でまだまだ修行を積む必要があるからです。

ご先祖さまにお願いをするなら、何百年も前に存在した守護霊クラスの方にお願いしましょう。おじいちゃん、おばあちゃんクラスには、「私はちゃんと努力するから、そっちの世界でがんばってね」と声をかける程度にしておきましょう。

三つめは**「怨霊《おんりょう》崇拝」。死者の霊魂を恐れるがゆえに、神として奉《たてまつ》り崇拝したもの**です。よく知られているのは「学問の神」である菅原道真《すがわらのみちざね》。謀反《むほん》の罪を着せられ、九州大宰府《だざいふ》に左遷された2年後に亡くなりましたが、それからまもなくして、都では異変が相次ぎ、落雷で多くの死傷者を出すなど不吉な出来事が起こるようになりました。人々は、道真の祟《たた》りだとし、それ以降、道真を神として祀るようになったところ、異変がおさまったといいます。他にも、崇徳上皇《すとくじょうこう》、平将門《たいらのまさかど》などがあげられます。

遠くの神社より近くの神社

❖産土神社へは少なくとも月一回は参拝を

あなたは、自分の産土《うぶすな》神社をご存じですか？

産土神社とは、今住んでいる地域の神社や、現在働いている地域にある神社、または、生まれた地域にある神社のことで、そこに祀《まつ》られている神さまを「産土神《うぶすながみ》」と言います。産土神は、言ってみればあなたの地域の受付や担当窓口の神さま。仕事でも、受付や担当窓口に足しげく通い、顔を覚えてもらう中で取引が深まっていくように、**産土神社に頻繁にお参りに行くほど、願いを叶えてもらえるようになります。**

毎日参拝するのが理想ですが、そうもいかないときは、月次祭《つきなみさい》と言われる毎月1日と15日には参拝を。この日の神社の神さまは格別です。多くの神社では、神職によって月次祭に特別に神さまをお祀りするので、神さまのご神力も普段に比べて増しており、神さまも、皆さんが神社に参拝に来られるのを心待ちにされています。

産土神には、日常の中で起こるさまざまな悩みを率直に話し、解決をお願いしてかまいません。「こんなことがあったんですが、どうしたらいいですか？」「あの人にあんなことを言われてしまいました……」「子どもが言うことを聞いてくれません」「最近、主人が冷たいんです」「○○という学校（会社）に入りたい」など、身の回りのことを話しに行くように熱心に通えば、神さまはあなたのためになにかしてあげようという気になり、ある程度のことは聞いてくださるようになります。

ただし、親しき仲にも礼儀ありですから、常に感謝の気持ちを忘れずに、手土産のお賽銭を持って行きましょう。〝気持ち〟なので、いくらという目安があるわけではありませんが、財布の中身にやや痛いくらい（入っている金額の三〜一割）を納めると、ご神徳（ご利益）をいただきやすいようです。

神社に参拝する時間は、朝から夕方4時くらいまでの間がベスト。明るい時間は神さまが降りてきやすいので、神さまとつながりやすくなります。

ちなみに、産土神社とは学区制のように氏子《うじこ》区域で仕切られているので、必ずしも家から一番近い神社とは限りません。

神職が常駐している神社なら電話か直接たずねて聞いてみるか、神社庁に問い合わせてみましょう。東京なら「東京都神社庁」というように、各都道府県に存在します。

神さまの法則を知れば大願成就ができる！

❖ご利益をいただける理想の参拝順

神さまの世界は縦社会です。日本国を司る神宮の天照大御神《あまてらすおおみかみ》を頂点とし、会社経営を軌道に乗せたい、仕事で成功したいといった大きな願いを聞いてくれる神さまから、細々とした庶民の悩みを聞いてくれる神さままでランク分けされています。

そこで、産土神社に通い続けるうちに、お願いしたいことが大きくなってきたら、各都道府県を総括している「一之宮」の神社に行きましょう。**産土神社が「担当窓口」だとしたら、一之宮神社は「専務や常務」に会いにいくような気持ちで参拝します。**

そして、最後に行くべき神社が、神さま界の社長であり、最高峰の神が祀られている伊勢の神宮です。ただし、伊勢の神宮は、日本の平和など大きなスケールのことについて祈る神社なので、個人的なお願い事はあまり効きません。62ページにも述べますが、神宮の神さまにお願い事を聞き届けてもらうためには、外宮《げくう》で個人的なお願い事をし、内宮《ないくう》で日本の発展と平和をお祈りするのがコツです。

神さまは縦社会
鈴木さん努力してるから、ちょっと願いを叶えてあげて！
伊勢の神宮　天照大御神
（社長）
1年に1回はお参りに
わかった やってみるよ！
はい社長、わかりました！
一之宮神社の神さまたち
（専務や常務）
1年に2〜3回はお参りに
担当先の田中さん、彼氏が欲しいみたいで…なんとかなりませんか？
産土神社の神さまたち
（窓口担当）
少なくとも1か月に1回はお参りに

神さまがいらっしゃる神社の見分けかた

❖願いが叶いづらい神社もある

神社参拝時に**「すがすがしい感じがする」と思えたなら、そこはご神気（神さまの気）が流れている神社です。**逆に、神社や境内が汚い、いつ行っても宮司《ぐうじ》がいないなど「なんだか居心地が悪い」と感じたら、ご神気が弱まっていると考えていいでしょう。

人々が信仰の場として向かう神社は、本来、気のいい場所に建っています。しかし、長い年月の間に衰退の一途をたどったり、神さま、そして参拝者を大切にしない神社経営をしたりするうちに、神さまがいらっしゃることができなくなってしまった神社もあるようです。ご神気のない神社にいくら参拝しても、願いは叶いづらいものです。

ご神気があるかないかを判断するには、宮司さんを見てみるのもいいでしょう。**宮司さんは、神さまが降りてくる神柱の代表**だからです。明るくて親しみやすく、人の嫌がる仕事を自ら買って出るような宮司さんがいる神社には、間違いなく神さまがいるはずです。左に、ご神気を見極めるポイントをあげたので参考にしてください。

こんな神社はご神気ダウン!
室内のサカキが枯れている
神鏡がくもっている…
御幣《ごへい》が
切れたまま
しめ縄ボロボロ
全体的に汚れている
壊れた階段
草ぼうぼう

神さまはちゃんと願いを聞き分けている

❖正しい神さまと見返りを求める神さまがいる！

日本全国に約八万社といわれる神社があります。その中には毎日たくさんの人がお願いに行き、お正月の三が日で、なんと三百万人以上の人が参拝するという人気の神社もあります。こんなに多くの人が一斉にお願いをしたら、いくら神さまだって聞き分けられないと思いますよね。

でも、心配はいりません。どんなに多くの人がお願いをしても、神さまはちゃんと聞き分けられるから願いは叶うのです。ただ**神さまは聞き分けられるご神力をお持ちなだけに、その祈りが正しい誠の願いか、よこしまな願いかも聞き分けてしまいます。**

だからこそ、自分勝手な祈りや願いは神さまに通じないのです。

神さまといえども、八百万《やおよろず》もいれば、「正しい神さま」と「見返りを求める神さま」が存在しますので、正しい神さまがいらっしゃる神社と出会わなければなりません。

それは自分の波長にも関わってきます。

波長が低いと、すぐにご利益《りやく》の出るであろう神社やお寺に行きがちですが、即効的なおいしい話というのは裏があるものです。そのような神社に参拝すると、諸問題を解決できた時に見返りを求められることも多いので（ごく一部ですが、特に動物を祀っている神社は見返りを求められやすいと言われています）気をつけましょう。

人間界も神さまの世界も同じです。努力をした上で、何度も足を運んで初穂料《はつほりょう》を納め、心を込めてお祈りをさせていただいた後に、やっと出た結果ほど大きな喜びはありませんね。そこには、見返りがないから、貸しも借りもないのです。

正しい神さまは「それは良かったね。お前が努力した結果、私が少しだけ後押ししただけだよ」と言って心から喜んでくれています。心から喜んでくれるから、喜びというエネルギーが動き、次の幸せがやって来るようになるのです。

正しい神さまとはそういう存在です。

正しい神さまと出会うためには、いつも高い理想や理念をもって、自分の波長を高める努力をすること。そうすれば、波長の高い神社に必然的に導かれていくようになれますよ。

コラム　日本語に宿る言霊

昔から、日本人が発する言葉には霊力が宿ると考えられていました。

言葉には霊力が宿るからこそ、いいことも悪いことも言葉にしたことは現実になってしまう――というのが、「言霊《ことだま》」と言われる由来です。

奈良時代初期の歌人、山上憶良《やまのうえのおくら》は『万葉集』の中で「神代《かみよ》より　言ひ伝て来《つ》らく《く》　そらみつ　倭《やまと》の国は　皇神《すめかみ》の　厳《いつく》しき国　言霊《ことだま》の　幸《さき》はふ国と　語り継ぎ　言い継がひけり」（神代から言い伝わるには、日本は神が威厳を持って守る国であり、言霊が幸いをもたらす国と語り継ぎ、言い継いできた）と詠んでいます。

また、飛鳥時代の歌人・柿本人麿《かきのもとのひとまろ》は、遣唐使の送別に際し「磯城島《しきしま》の日本《やまと》の国は言霊《ことだま》のたすくる国ぞま幸《さき》くありこそ」（海で囲まれた日本という国は、言霊によって人に幸を運ぶ国です。だから、どうか幸せでいらしてください）と詠みました。

言葉に霊魂の宿る日本語＝日本の言葉には、元の意味（言霊）があってできている、ということなのです。言葉の由来を知ることは、古来日本人が神を畏《おそ》れ崇《あが》め奉《たてまつ》ってきた神道の精神を知ることにもつながるでしょう。

ここでは、代表的なものをあげました。言霊の力を感じてみてください。

穢《けが》れる
＝気が枯れる

昔から日本人は「気」を大切にしてきましたが、その理由は、人は「気」が枯れると穢れるからです。病気も気が枯れるから起きるもので、常に邪気にやられないように私たちは「気」をしっかりと持っていないといけないのです。

払う
（お金を）＝祓《はら》う

人は、自分の積んだ徳以上のお金を持つと、体力を失ってしまうので、徳以上に得たお金は、品物を買ったり寄付したりするといいのです。そうすると、気持ちよく、すっきりした快感を得ませんか？　それは神社で邪気や魔を「祓う」儀式と通じます。そのことから、「払う」ことは「祓う」と同意義になりました。

見たまま
＝御魂《みたま》

その人の行動や日頃心で思っていることが、そのまま他人から見た姿となります。つまり、今他人から見えている姿とは、心（魂）を見た姿（見たまま）、御魂になるということです。

疲れる
＝もののけに・憑《つ》き物に・邪鬼に憑かれる

少し怖い話ですが、疲れるとは、もののけなどの邪鬼や邪霊に憑かれるという意味。だから、「疲れた〜」と頻繁に使う人は、もののけがいっぱい憑いている可能性が。今憑いていなくても、その言霊でもののけが憑いてしまうこともあるので「疲れた〜」は禁句。ちなみに「お疲れさま〜」もあまりおすすめできません。代わりに、「ありがとうございます」「お世話さまです」と感謝の言葉に代えましょう。

話す
＝離す

話すとは、良い事も・悪い事も口から離すという意味からきています。ですから、大切なことは、成功するまで、完成するまで、契約するまで、あまり周りに話（離）さない方がいいですね。

働く
＝傍《はた》を楽にする

欧米では、働くことは神から与えられた苦役ですが、日本人にとってはその逆で、喜びそのもの。日本の神さまも、毎日休みなく喜んで働いてくださっています。なぜなら、働くとは、傍（はた＝周りの人や家族）を楽にすることだから。周りの人や家族を楽にして喜んでもらうことこそ、働くことなのです。

第二章

神さまには専門分野がある！

あなたの願いを叶えてくれる神社に行こう！

お願い事を叶えてくれる神社に参拝するために、神さまが確実にいらっしゃる神社を紹介します。156ページには、神社のおおまかな場所の地図を掲載したので、参考にしてください。

私たちって今まで何も知らず参拝してたのね
今神社に行ったら願いも叶うかな……
いやまだそう思うのは早いんです大事なのはここからで……
実は神さまとは万能な存在とは言えません
いえ神さまにも得意分野と苦手分野があるのでもし恋愛成就したいなら恋愛が得意な神さまにお願いすることが大事なんです
必勝祈願
恋愛成就
ウフフ
Chu
ワシ、恋愛はちょっと…
人間にもスポーツ、勉強…と得意分野があるよね
えっ　そうなの⁉今までどの神社でも同じ願い事を唱えてた……

でも神さまの得意分野が何かってどうすればわかるの？
それはね
『古事記』や『日本書紀』に書かれていますたとえば……
古事記
木花咲耶姫命《このはなさくやひめのみこと》ははかなく散る花のように美しい存在でありながら
反面!!
ゴー!!
うおりゃ〜!!
炎の中で子どもを産んだ強い女性でもあります
つまり木花咲耶姫命がご祭神の神社では「美」や「子授け」などの願いが叶うと言われています
『古事記』？『日本書紀』？？聞いたことあるけど読んだことなんて一度もない……

なので
この章では神社ごとに
どんな専門分野の神さまが
いらっしゃって どんな
ご利益がいただけるのか
分けてみましたよ
仕事 etc…
恋愛…
わぁお〜
それは最強!!
でもここに掲載できなかった
神社もたくさんあるので
参拝前に必ず神社前にある
「由緒書き」を読んでくださいね
まずは祀られている
神さまをよく知ったうえで
『古事記』や『日本書紀』を
読んでおくとベスト
○○神社
御祭神 ○○○○神
由緒 第△代□□天皇の御代、
○○によって、ここ○○の地に
お祀りしたのが始まりです。
その後……
特に『古事記』は
日本が世界に
誇る最古の
歴史書!!
古事記
八百万の神々の
神秘的な
ドラマ…
日本の誕生から
書かれた壮大な
ストーリーで
意外と
読みごたえが
あります
ぜひ!!
読んでみたい…

トントン
ジャーン
古事記
『古事記』買ってきちゃった
いつの間に!?
私神さまのこと本気で学びたくて…
ツンツン
NEW!
OLD
だんだん変わってきましたね……
ホッ
キャリアアップ〜
須佐之男命《すさのおのみこと》ってダイナミックで仕事できそうなんだよね
古事記
イケメンだったりして〜〜♡
……

日本の神さまは全知全能ではない！

❖神さまの専門分野を知る

一生懸命、まじめに神社に通っているのに、なかなか願いが叶わない……という方は、参拝する神社を見直してみる必要があります。

7ページのマンガでも、神さまには個性があって、願いによって叶いやすい・叶いにくい神社があるとお話ししたように、日本の神さまは「私は縁結びが得意です」「家族関係のトラブルはまかせて」「交渉事ならいつでもどうぞ」など、それぞれの専門分野を持っているのです。

もちろん神さまなので、どんなことでもある程度は聞き届けてくださいますが、やはり**自分の願いや悩みによく対処していただける神さまのおられる神社に行くほうが、断然、願いも叶いやすくなる**というわけです。

❖『古事記』『日本書紀』には神さまの強みが書いてある

では、自分の願いを聞き届けてくれる神さまのいる神社は、どうやって探せばいいのでしょうか？

それは、『古事記』『日本書紀』を読むことです。これらの記紀（古事記と日本書紀のこと）には、たくさんの神さまたちがどのようにお生まれになり、どのような業績を残したのかが、細かく記されています。

神さまたちは、ある日意味もなく突然出てきたわけではありません。それぞれ発生してきた重要な意味とストーリーがあるのです。

だからこそ、**参拝するときは、その神社の由緒やご祭神を確かめてから参拝するようにしましょう**。由緒書きは多くの場合、神社の入り口に書いてあるか、祭神名が書かれた由緒書きを社務所でいただけます。神さまだって、神さまのお名前（祭神名）とご事績（専門分野）を知って参拝しにきてくれる人に目をかけないはずはありませんね。

そこで、次のページでは、『古事記』からどうやって、神さまの専門分野を読み解くかを例をあげて説明します。現代語訳で読みやすい『古事記』や『日本書紀』も出ていますので、ぜひ一度は読んで、神さまの専門分野を調べてみましょう。

神さまのことをよく理解できるようになると、ご祭神に親しみを感じ、より願いも届きやすくなることでしょう。

❖神さまの専門分野はこうして読み解く！

弟の素戔嗚尊《すさのおのみこと》の粗暴な行為に怒り、天岩戸《あまのいわと》に隠れてしまった太陽神の天照大御神《あまてらすおおみかみ》。天岩戸から出てもらおうと、八百万の神々が相談をしている場面を例にとります。

智恵の神である❶思金命《おもいかねのみこと》の思案によって、常世《とこよ》の長鳴鳥《ながなきどり》を集めて（太陽神が天照大御神だけであるはずなのに）夜が明けたかのように鳴かせ、天津麻羅《あまつまら》に鍛冶をさせ、伊斯許理度売命《いしこりどめのみこと》に命じて八咫《やた》の鏡《かがみ》を作らせた。❷玉祖命《たまのおやのみこと》に命じて、八尺瓊勾玉《やさかにのまがたま》を作らせた。呼び出していた❸天児屋命《あめのこやねのみこと》と❹布刀玉命《ふとだまのみこと》に占をさせ、天児屋命は祝詞《のりと》をあげた。そして❺天宇受売命《あめのうずめのみこと》が天岩戸の前で楽しそうに舞ったのである。

❶「思金命」
知恵を出して天照大御神を天岩戸から出させた知恵の神さま→知恵を授かりたいとき、アイデアやひらめきが欲しいときなどに、力をいただける。

❷「玉祖命」
勾玉をつくる神さま→三種の神器にも登場する勾玉。そこに宿るのは魂であることから、玉祖命を祀る神社に行くと、心と心のつながりができるようになる。

「自分（天照大御神）が天岩戸に籠って闇であるはずなのに、なぜ天宇受売命は楽しそうに舞い、八百万の神々は笑っているのか」と聞いた。

天宇受売命は「貴方様より貴い神が現れたので皆喜んでいるのです」というと、布刀玉命は五百津真賢木《いおつまさかき》を捧げ持ち、天照大御神が岩戸から顔をのぞかせると、天児屋命とともにその前に鏡を差し出した。

その姿を見ようと岩戸の入口を少し開けたそのときに、岩屋戸に隠れていた力持ちの天手力雄命《あめのたぢからおのみこと》が天照大御神の手を取り岩屋戸の外へ引きずり出したのである。そして国中（高天原《たかまがはら》も葦原中国《あしはらのなかつくに》）も明るくなって元の世界を取り戻したのである。

（『古事記』より）

❸「天児屋命」
祝詞を奏上し、天照大御神を呼び戻した素晴らしい声を持つ神さま→人を説得させる声の神さまであることから、話す仕事に就く人、交渉事を成功させたい人などが行くといい。

❹「布刀玉命」
天児屋命とともに太占《ふとまに》（占い）を行った神さま→布刀玉命を祀る神社に行くと、勘がよくなり、第六感、創造力などが豊かになってくる。

❺「天宇受売命」
踊りを上手に踊って神々を笑わせた神さま→舞踏、芸能などで力を欲しいときにお願いすると、聞き届けてくれる。

イメージ力がご利益をもたらす

❖ご祭神の活躍された姿を思い浮かべる

『古事記』『日本書紀』を読むと、神さまたちの世界が目に浮かんできませんか？

実は、このイメージ力こそ、願いを叶えるために大切なこと。**神さまは、具体的に自分でイメージできるものしか、叶えてくれない**からです。

いくら神さまが願いを叶えてあげようと思っても、本人がイメージできていないものは、神さまだって手の出しようがないので、どうしていいかわかりません。

専門分野の神さまがいる神社に行き、きちんと参拝したにもかかわらずご神徳（ご利《り》益《やく》）が得られないとすれば、イメージ力が足りないことが原因といってもいいでしょう。

神社の鳥居をくぐったら、ご祭神が活躍された姿を想像し、祈願するときは自分の願いを具体的にイメージしながら、神さまにお願いしましょう。

神さまは、あなたの願いを聞き入れてくれるように働いてくれるはずです。

❖神さまは譲り合いの精神を持っている

日本人が「譲り合いの精神」を持っているように、神さまもまた譲り合いの精神を持たれています。

ですから、**同じ専門領域を持つ神さまがおられる神社を、何社回っても大丈夫**。たとえば「彼氏ができますように」と願うなら、縁結びが専門の神さまがおられる神社を何社も回ったからといって、神さまは気を悪くされたりはしません。

むしろ、他の神さまに「そちらの神さまのほうが、よりあの子の願いを叶えやすいので、おまかせしてよろしいでしょうか？」と譲り合いの精神で、人々の願いをサポートしてくれるのです。

また、さまざまな神社で同じ内容をお願いしたとしても、そのときどきの心の状況によって、落ち着いて神さまにお願いできる日もあれば、そわそわして気が散っている日もあるでしょう。

そう考えると、願い事を叶えてくれる専門分野の神さまがきちんといらっしゃるいろいろな神社で、同じ願い事をたくさん祈ったほうが、あなたの願いをキャッチしてくれる可能性が高いとも言えます。

より確実なご利益をいただける法則

❖神さまの魂は四つに分かれている！

私たち人間は、同じ人であっても、穏やかなときもあれば、怒り狂うときもありますよね。実は、神さまも同様で、「一霊四魂《いちれいしこん》」といって、四つの魂を持っておられると言われています。

四つの魂とは「和魂《にぎみたま》・幸魂《さちみたま》・奇魂《くしみたま》・荒魂《あらみたま》」のこと。

「和魂」とは、霊魂（神さま）のおだやかな働き（魂）、「幸魂」とは、（古代に）狩猟・漁猟などの獲物（さち）をもたらす働き（魂）、「奇魂」とは、人に奇跡や健康をもたらすような働き（魂）、「荒魂」とは、荒ぶるような働き（魂）のことです。

神社では、荒魂と和魂（幸魂と奇魂を含む場合も）に分けて祀られていることも多いので、専門分野の神さまがいらっしゃる神社を確認できたら、その神社には神さまのどの「魂」が祀られているかを調べることも大事です。

たとえば、伊勢の神宮でいうと、皇大《こうたい》神宮（内宮《ないくう》）に祀られているのは、天照大御《あまてらすおおみ》神《かみ》の和魂と幸魂です。

では、荒魂はどこにあるかというと、内宮の境内別宮にある「荒祭宮《あらまつりのみや》」。荒祭宮に祀られている天照大御神の荒魂であるご祭神は「天照坐皇大御神荒御魂《あまてらしますすめおおみかみのあらみたま》」と呼ばれ、それは荒々しい気に満ちているので、ここを参拝すると、ピリピリ感じる人もいるようです。参拝者の魂も荒々しくなるので、たとえば、何かに打ち勝たなければならないとき、事を成し遂げたいときなどに参拝するといいと言われています。

このように、神さまの荒魂と和魂を分けてお祀りしている神社は多いもの。いろいろな魂の働きを一緒にすると神さまの威力が強すぎて、参拝した人が混乱してしまうので、分けることでちょうどいいご神徳が得られるのでしょう。

自分は神さまのどんな魂を必要としているのかを考えながら、今の自分にぴったりの神社を探すのが、早く神さまからご利益をいただけるコツなのです。

神さまはいくつもの名前を持っている

❖呼び名でご利益が変わる！

同じ神さまなのに、いろいろな名前を持っている神さまがいます。これも一霊四魂《いちれいしこん》同様、それぞれの呼び名で働き（ご利益《りやく》・ご神徳）が違ってくるためです。

たとえていうなら、会社では「田中部長」だけれど、家に帰れば「お父さん」、母親からは「しんちゃん」など、それぞれの呼び名がある感じです。

田中部長と言われているときは仕事の顔ですが、家に帰れば子煩悩なお父さん、母親の前ではかわいい息子といったように、神さまも呼び名によって役割が異なるのです。とはいえ、すべてその人自身が行ってきたこと。呼び名によって、人柄まで変わるわけではありませんね。それと同様、祭神名が異なっていても、どの神さまのことなのかをイメージできることは大切です。

左によく出てくる神さまの別名をあげましたので、60ページからの神社紹介を読み解くときや、神社参拝時の参考にしてください。

オオクニヌシ

葦原中国《あしはらのなかつくに》（この日本の地）の主で、因幡《いなば》の白うさぎを助けた神さま。天照大御神《あまてらすおおみかみ》の子孫に国譲りをする。出雲大社のご祭神。

- 大国主命《おおくにぬしのみこと》
- 大物主神《おおものぬしのかみ》
- 大穴牟遅命《おおなむちのみこと》
- 大穴持命《おおなもちのみこと》
- 大己貴命《おおなむちのみこと》
- 大汝命《おほなむちのみこと》
- 大名持神《おおなもちのかみ》
- 八千矛命《やちほこのみこと》
- 葦原醜男《あしはらのしこお》
- 葦原色許男神《あしはらしこおのかみ》
- 大国魂大神《おおくにたまのおおかみ》
- 顕国玉神《うつしくにたまのかみ》
- 宇都志国玉神《うつしくにたまのかみ》
- 伊和大神《いわおおかみ》
- 幽冥主宰大神《かくりごとしろしめすおおかみ》
- 杵築大神《きづきのおおかみ》 など

スサノオ

伊耶那岐命《いざなぎのみこと》の禊《みそぎ》から生まれた三神のうちの一神で、姉に天照大御神、兄に月読命《つくよみのみこと》。田の畔や水路を破壊するなど荒ぶる神である一方、八岐大蛇《やまたのおろち》を退治するなど勇敢な神でもある。日本で一番初めに和歌を詠むなど多面的な顔を持つ。

- 素戔男尊《すさのおのみこと》
- 素戔嗚尊《すさのおのみこと》（『日本書紀』による）
- 建速須佐之男命《たけはやすさのおのみこと》
- 須佐之男命《すさのおのみこと》（『古事記』による）
- 神須佐能袁命《かみすさのおのみこと》
- 須佐能乎命《すさのおのみこと》（『出雲国風土記』による）
- 家津美御子大神《けつみこのおおかみ》（熊野本宮大社／和歌山県）
- 伊邪那伎日真名子《いざなぎのひまなこ》
- 加夫呂伎熊野大神《かぶろぎくまののおおかみ》
- 櫛御気野命《くしみけぬのみこと》（熊野大社／島根県）

オウジンテンノウ

第15代天皇で、母は神功皇后《じんぐうこうごう》（息長帯比売命《おきながたらしひめのみこと》）。大陸の文化と産業を取り入れ、新しい国造りを行った。日本でもっとも多い神社「八幡宮」のご祭神。

- 応神天皇《おうじんてんのう》
- 八幡大神《はちまんおおかみ》
- 誉田別命《ほむだわけのみこと》

皇室の弥栄《いやさか》と日本国の繁栄、平和を願うことが大願成就につながる

神宮（伊勢神宮）

三重県伊勢市

創建❖内宮：垂仁天皇（第11代天皇・紀元前1世紀）26年　外宮：雄略天皇（第21代天皇・5世紀）22年
ご祭神❖皇大神宮（内宮）：天照大御《あまてらすおおみ》神《かみ》　豊受大神宮（外宮）：豊受大御神《とようけおおみかみ》

日本全国の神社の頂点に位置する中心的な存在であり、「お伊勢さん」として親しまれている伊勢神宮。実は「伊勢神宮」は俗称で、正式名称は「神宮」と言います。

神宮とは、一つの神社を指すのではありません。天皇の祖先であり、八百万《やおよろず》の神々の中の最高神、世の中をあまねく照らす太陽の神、天照大御神《あまてらすおおみかみ》がご祭神として祀られている内宮《ないくう》（正式名称は「皇大神宮《こうたいじんぐう》」）を中心に、外宮《げくう》（正式名称は「豊受大神宮《とようけだいじんぐう》」）と、十四の別宮を含めた、百二十五の神社の総称です。

内宮のご神体は、三種の神器（鏡・玉・剣）の一つとして知られる「八咫《やた》の鏡《かがみ》」です。これは天照大御神の孫である瓊瓊杵尊《ににぎのみこと》が天孫降臨《てんそんこうりん》（人間の住む地上世界を統治するために神さまの住む天上世界から降臨したこと）の際に、天照大御神から授けられたもの。歴代天皇のいらっしゃる皇居の中で祀られてきました。しかし、第10代崇神《すじん》天皇のとき、あまりにもその神威が強すぎて重々しく感じられるとともに、国内にも災害や

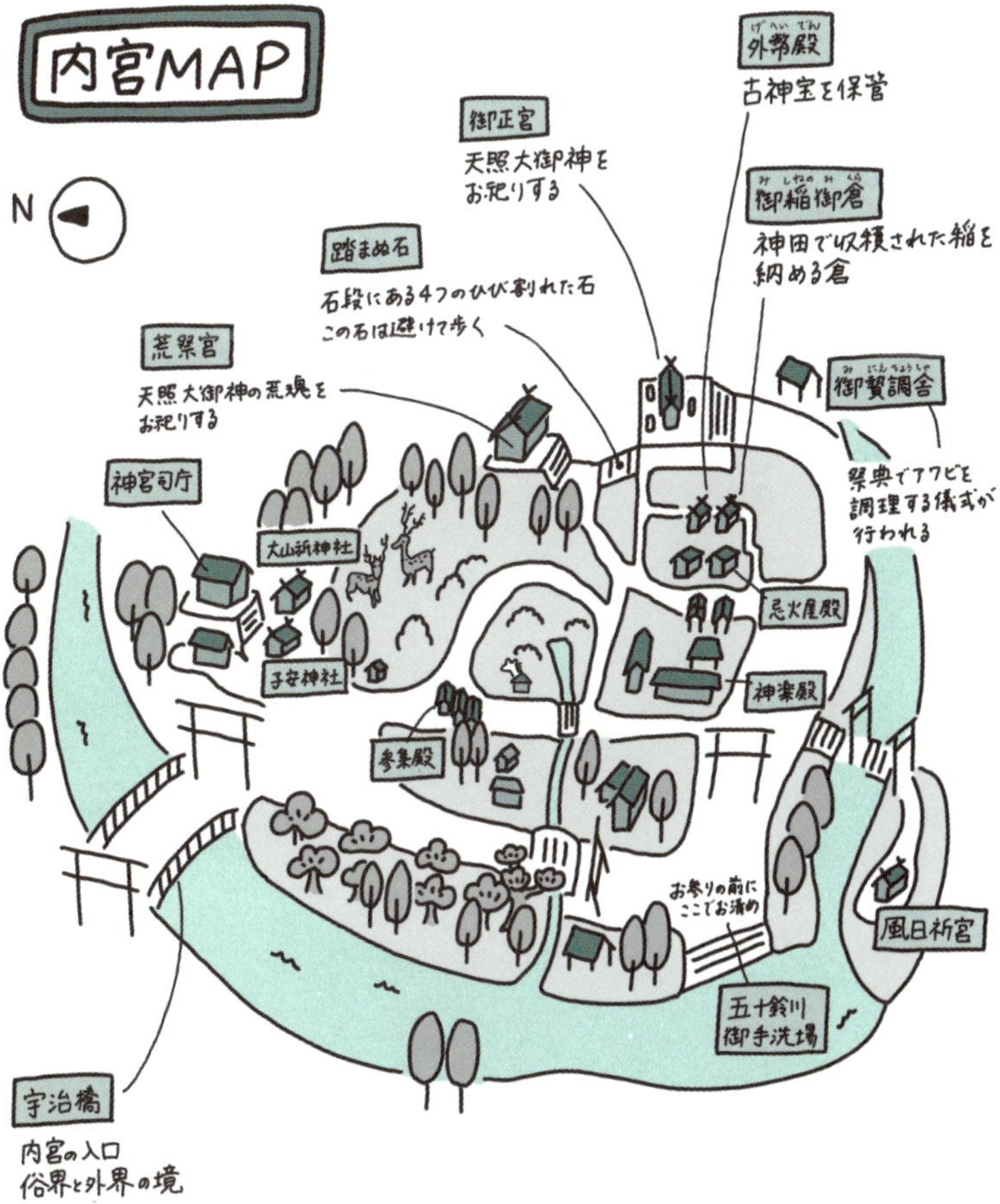
内宮MAP
N
外幣殿《げへいでん》
古神宝を保管
御正宮
天照大御神を
お祀りする
御稲御倉《みしねのみくら》
神田で収穫された稲を
納める倉
踏まぬ石
石段にある4つのひび割れた石
この石は避けて歩く
荒祭宮
天照大御神の荒魂を
お祀りする
御贄調舎《みにえちょうしゃ》
祭典でアワビを
調理する儀式が
行われる
神宮司庁
大山祇神社
子安神社
忌火屋殿
神楽殿
参集殿
お参りの前に
ここでお清め
風日祈宮
五十鈴川
御手洗場
宇治橋
内宮の入口
俗界と外界の境

疫病などの災いが起こり始めたことから、皇居の外でお祀りすることになったのです。参拝するときは「外宮先祭《げくうせんさい》」といわれ、外宮を先に参拝してから内宮を参拝するのが古来からのならわしです。

❖外宮ではどんなお願いをしてもOK

外宮のご祭神は、豊受大御神《とようけおおみかみ》といって、朝夕の御食事など、天照大御神《あまてらすおおみかみ》の身の回りのことをご調整する神さまです。もとは丹波国に鎮座していた神さまですが、第21代雄略天皇の夢枕に天照大御神が立たれて、「独り身で何かと不都合であるから食事を整える神を迎えてほしい」とおっしゃり、内宮鎮座から五百年後、山田原《やまだのはら》の地に豊受大御神をお迎えしたのです。

豊受大御神は、食物、穀物を司り、衣食住の恵みを与えてくださる産業の守護神として崇められていますが、個人的なお願い事をしても、大きな器で聞いてくださる神さまです。外宮では、まず**皇室の弥栄《いやさか》**と**国の繁栄**を祈りましょう。その後、**仕事を何とかしたい、家庭生活をなんとかしたい**などのお願いや、**就職や結婚、親子関係、人間関係など日常的な悩み**まで、何でも現実界のお願いをしてかまいません。

どんなことでもいいので神さまに聞いてもらい、心の垢《あか》を吐き出して、スッキリした心で内宮を参拝してください。

❖内宮では皇室の安泰と日本の平和を祈願

内宮の天照大御神は、日本の政治や経済、平和などを司る最高レベルの神さまです。神さまの中でも頂点であり崇高、次元も高いので、庶民のこまごまとした願いは正直言って叶いにくいのです。

ご祭神が皇祖（天照大御神）という性格上、**皇室の安泰**もお祈りしましょう。ご祭神（天照大御神）のご加護も大いなるものとなるでしょう。

個人的なお願い事は叶いにくい内宮ですが、それでも神宮を参拝することは、大願を叶えるためには欠かせないことです。**神の国である日本の発展、平和を祈る**という「世のため」「人のため」という気持ちが神さまに通じ、ひいては願いを叶えてくれる力を授けてくださるからです。

内宮でそういうお願いをさせていただくからこそ、神さまがお喜びになられて、大願が成就するというものです。「情けは人のためならず」という気持ちで、いろいろな神社に参拝されている「社ガール*」さんたちは、何度も参拝しているうちに、そういうことに気がついてくるものです。

＊神社好き女子のこと

関東で成功したいなら必ず参拝したい！

箱根神社＋九頭龍《くずりゅう》神社

神奈川県足柄下郡

関東総鎮守である箱根神社は、萬巻上人《まんがんしょうにん》が757年、芦ノ湖畔に天孫である瓊瓊《にに》杵尊《ぎのみこと》、木花咲耶姫命《このはなさくやひめのみこと》、彦火火出見尊《ひこほほでみのみこと》の三神を祀ったことから創建されました。この三神を総称して、「箱根大神《はこねのおおかみ》」と言います。瓊瓊杵尊は、天照大御神《あまてらすおおみかみ》の孫で、地上の世界を治めるために神の世界から筑紫日向国《つくしひゅうがのくに》の高千穂峰に降臨した神さまです。

美しい神さまとして知られる木花咲耶姫命は瓊瓊杵尊の妻となり、火の中で火照命《ほでりのみこと》、火須勢理命《ほすせりのみこと》、火遠理命《ほおりのみこと》の三柱の神をお産みになりました。その中の一柱、火遠理命は、箱根神社ご祭神「彦火火出見尊」のことで、一般には「山幸彦《やまさちひこ》」という名でも知られています。初代天皇である神武《じんむ》天皇の祖父にあたる神さまです。

火の中で三柱の神をお産みになった美しい木花咲耶姫命からは、**心身ともに美しくあり続ける勇気**と、**子授け、子育てなどのご神徳**をいただけるでしょう。また、古代には天教山《てんきょうざん》（天からの教えをもらえる山）と呼ばれた霊峰富士の神さまでもあることから、**天（富士山）からの教え（ひらめき）**をいただけることでしょう。

創建❖箱根神社・九頭龍神社ともに、天平宝治元年（757年）

ご祭神❖箱根神社：瓊瓊《にに》杵尊《ぎのみこと》、木花咲耶姫命《このはなさくやひめのみこと》、彦火火出見尊《ひこほほでみのみこと》　九頭龍神社：九頭龍大神《くずりゅうおおかみ》

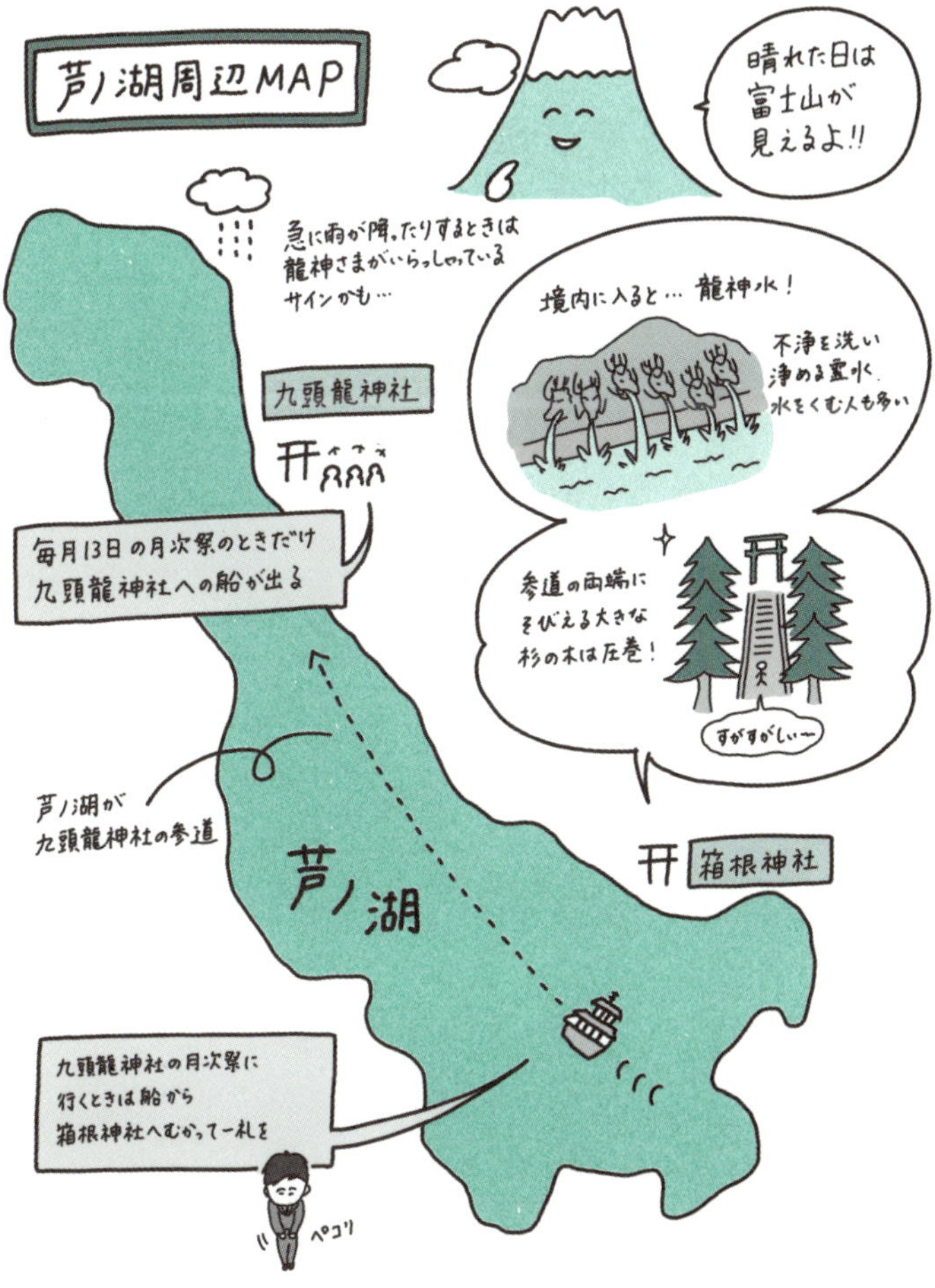
芦ノ湖周辺MAP
晴れた日は富士山が見えるよ!!
急に雨が降ったりするときは龍神さまがいらっしゃっているサインかも…
境内に入ると… 龍神水！
不浄を洗い浄める霊水。水をくむ人も多い
九頭龍神社
毎月13日の月次祭のときだけ九頭龍神社への船が出る
参道の両端にそびえる大きな杉の木は圧巻！
すがすがしい〜
芦ノ湖が九頭龍神社の参道
芦ノ湖
箱根神社
九頭龍神社の月次祭に行くときは船から箱根神社へむかって一礼を
ペコリ

❖ 武将、政財界の重鎮が足しげく通う神社

箱根神社は、古くは「箱根大権現《だいごんげん》」と言われ、山岳信仰の霊地でした。平安時代の武官で征夷大将軍だった坂上田村麻呂《さかのうえのたむらまろ》は、箱根神社で祈願し、東北鎮武を成し遂げたと言われています。

また、源頼朝も箱根神社で祈願し、源氏再興と平家打倒を成し遂げました。今でも政財界の重鎮たちが足しげく通う神社でもあります。

「箱根を背にするものは天下を征する」という言葉もあるように、箱根神社にご参拝されれば、**関東での勝負運、商機**などのご神徳を得ることができるでしょう。関東で一旗あげたいなら、まずは箱根神社に熱心にお参りすることが欠かせません。

❖ 庶民を救済する神さまがいらっしゃる九頭龍神社

また、同じ芦ノ湖に鎮座する九頭龍神社には、九つの頭を持つ「九頭龍大神《くずりゅうおおかみ》」が祀られています。

もともとは、箱根大神のご眷属《けんぞく》(神さまの使いとなって願いを叶えてくれるもの)が九頭龍大神なのですが、今ではご眷属以上の力をつけていらっしゃいます。

国のため、人のために最大限のご神力を発揮される神さまなので、「世のため、人のために」という気持ちでご祈願すれば、**開運、金運、仕事、学業、恋愛、健康などにおける解決したい問題の大半**は、早くに成就していただけるでしょう。

九頭龍神社は陸からでも行けますが、できましたら芦ノ湖から船でご参拝ください。65ページのイラストにもあるように、九頭龍神社の参道（正しい道のり）は、芦ノ湖だからです。ちなみに、毎月13日の月次祭《つきなみさい》のときのみ、午前9時30分まで乗船できる九頭龍神社行きのフェリーで、神社を参拝することができます。

月次祭には朱色のお社の前に
たくさんの人が参拝されます

月次祭では
芦ノ湖にいらっしゃる
龍神さまに
「御供《ごくう》」を捧げます

あらゆるご縁に恵まれる

出雲大社

島根県出雲市

創建❖垂仁天皇（第11代天皇・紀元前1世紀）23年以前
ご祭神❖大国主大神《おおくにぬしのおおかみ》

出雲大社の正式な呼称は「いずもおおやしろ」ですが、その社《やしろ》は古代より「杵築《きづきの》大社《おおやしろ》」と呼ばれていました。

祈ることで真実に気づき、やらなくてはならないことに気づくなど、出雲の神さまから気づきを与えていただけるからこそ、そう言われたのでしょう。また、国づくりの神さまでもあることから、「国を築く」という意味もあります。

ご祭神は、縁結びの神さま、福の神さまとして名高い、大国主大神《おおくにぬしのおおかみ》。59ページにもあげたように、大国主大神は、別名が多い神さまとしても知られます。

名前が多いということは、それだけ多面的な顔をもつ神さまということ。人と人の縁を結ぶためには、あらゆる人や物事に対応する力が必要ですから、縁結びを得意とされる大国主大神は、神さまの中でもとびぬけて別名が多いのでしょう。

こうした理由から、**恋人がほしい、結婚したいなどパートナーの縁**はもちろん、**仕事、友人関係などのあらゆるご縁**を結んでくださいます。

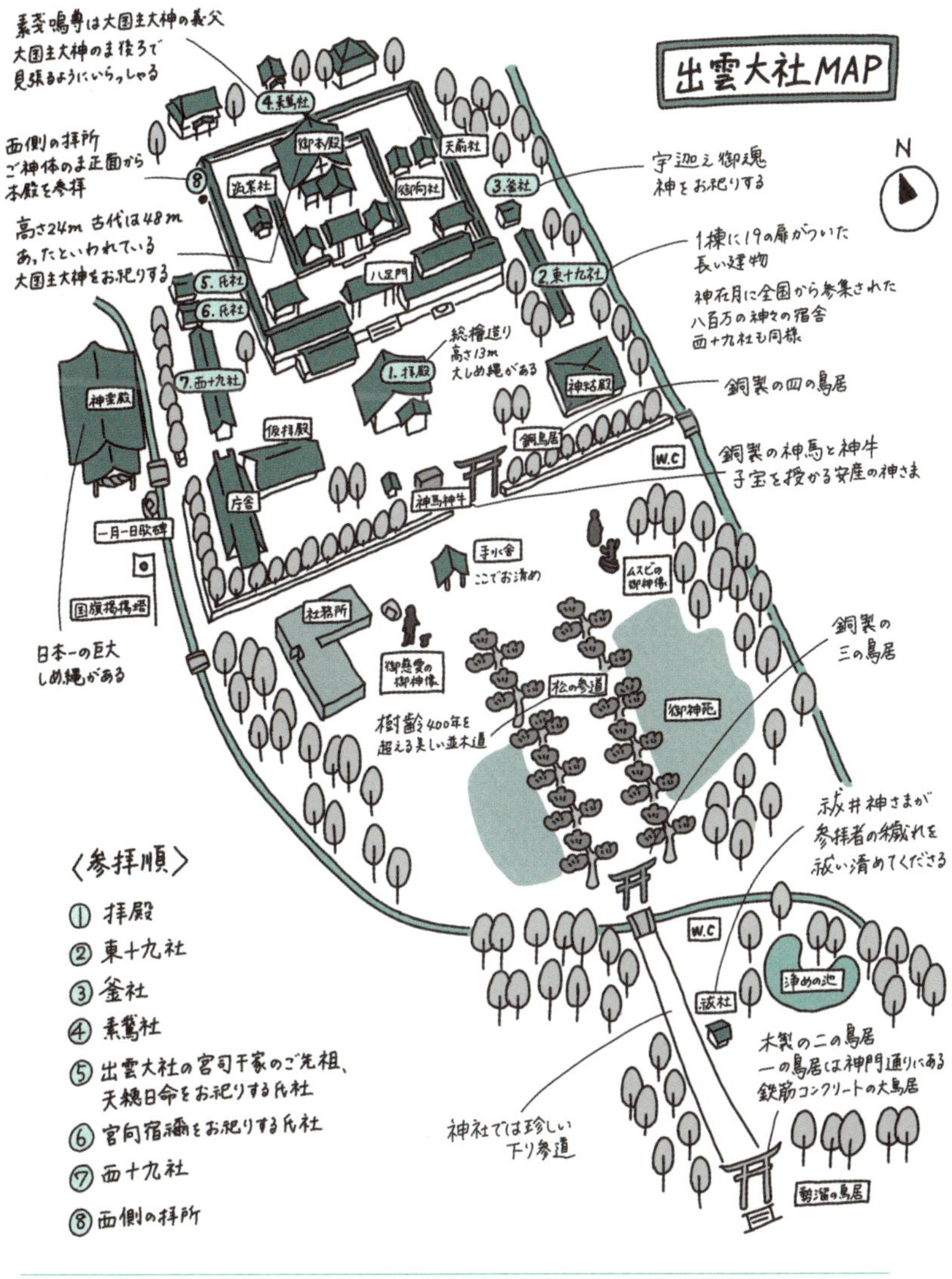
出雲大社MAP
N
素戔嗚尊は大国主大神の義父
大国主大神のま後ろで
見張るようにいらっしゃる
4.素鵞社
御本殿
天前社
西側の拝所
ご神体のま正面から
本殿を参拝
8
筑紫社
御向社
3.釜社
宇迦之御魂
神をお祀りする
高さ24m 古代は48m
あったといわれている
大国主大神をお祀りする
八足門
5.氏社
6.氏社
2.東十九社
1棟に19の扉がついた
長い建物
神在月に全国から参集された
八百万の神々の宿舎
西十九社も同様
総檜造り
高さ13m
大しめ縄がある
1.拝殿
神楽殿
7.西十九社
神祜殿
銅製の四の鳥居
銅鳥居
仮拝殿
W.C
銅製の神馬と神牛
子宝を授かる安産の神さま
庁舎
神馬神牛
一月一日歌碑
手水舎
ここでお清め
ムスビの御神像
国旗掲揚塔
社務所
日本一の巨大
しめ縄がある
御慈愛の御神像
松の参道
銅製の
三の鳥居
樹齢400年を
超える美しい並木道
御神苑
祓井神さまが
参拝者の穢れを
祓い清めてくださる
〈参拝順〉
① 拝殿
② 東十九社
③ 釜社
④ 素鵞社
⑤ 出雲大社の宮司千家のご先祖、
天穂日命をお祀りする氏社
⑥ 宮向宿禰をお祀りする氏社
⑦ 西十九社
⑧ 西側の拝所
W.C
浄めの池
祓社
木製の二の鳥居
一の鳥居は神門通りにある
鉄筋コンクリートの大鳥居
神社では珍しい
下り参道
勢溜の鳥居

また、縁を強く結べるということは、反対には、**縁をほどく**ことも得意ということ。自分本位の願いでなければ、**別離を考えているとき**にもご神徳をいただけます。

大国主大神は、凛々しいお顔とやさしい心で、数々の試練に打ち勝つたくましさを持ち、多くの女神の気を惹いたことでも有名です。『日本書紀』の「神代記」によると子どもの数はなんと百八十一柱！　ほかにも、昔話のひとつ「いなばのしろうさぎ」で、うさぎを助けたのも、大国主大神。とても心やさしい神さまでもあります。

葦原中国《あしはらのなかつくに》（人間が住む地の世界）の主となった後は、少彦名命《すくなひこなのみこと》とともに国土を開拓されて、世のため、人のために尽くされました。**会社設立、家族をつくる**など、**新しく築き上げるものがよき方向へ向かう**ように祈るとご神徳を得られるでしょう。

❖ 出雲大社ならではの独特の参拝順序

出雲大社で参拝するときは、拝殿から本殿に向かってご祭神を参拝するだけでなく、西側からも本殿を参拝します。本殿の中にご鎮座されているご祭神は、西向きに座っておられるからです。このことはあまり知られていませんでしたが、２０１３年の式年遷宮と同時に、参拝順序についての立て看板も設置されました。

参拝順序は69ページのイラストにもあるように、まず拝殿で、大国主大神が祀られている本殿を参拝したら、その後、垣に沿って左回り（時計回りと反対方向）で摂末社を参拝し、最後に本殿の真横にある西側拝所からも参拝します。

なぜ左回りなのかというと、大国主大神は目に見えない世界を治められている神さまでもあるから。目に見える現実世界は右回りですが、目に見えない世界は左回りなのです。そのため、出雲のしめ縄も左回りでできています。

正しい参拝法で、神さまからのご神力をいただきましょう。

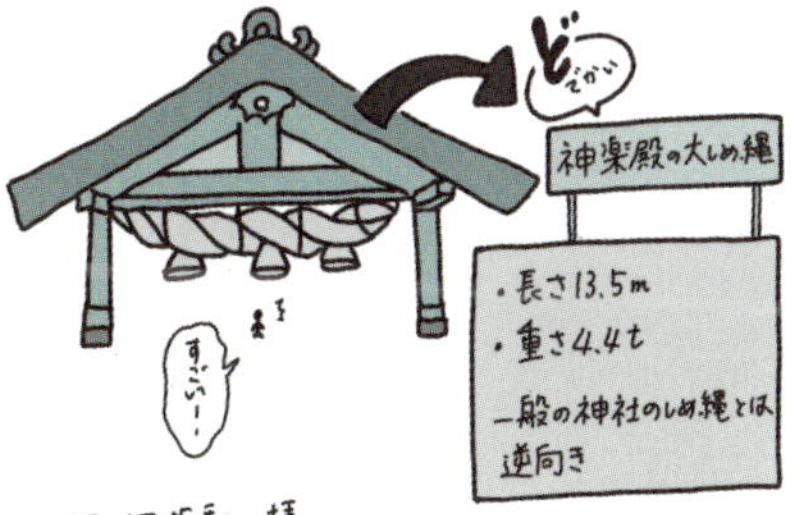
どでかい
神楽殿の大しめ縄
・長さ13.5m
・重さ4.4t
一般の神社のしめ縄とは逆向き
すごい〜

二拝・四拍手・一拝
四拍手するのは大国主の怨霊を
封じ込めるという意味や
神さまの魂は一霊四魂で
4つに分かれているなどの意味があります
お願いします

稲佐の浜
全国の神々は神在月になると
龍神の先導で海をわたり
この稲佐の浜に到着されます
ザザーンッ

開業・起業・安産に強いパワーを発揮！

鹽竈神社《しおがまじんじゃ》

宮城県塩竈市

創建❖不詳（奈良時代には創建されていたと考えられる）
ご祭神❖塩土老翁神《しおつちのおぢのかみ》、武甕槌神《たけみかづちのかみ》、経津主神《ふつぬしのかみ》

陸奥国《むつのくに》一之宮として、古くから庶民の崇敬《すうけい》を集めてきた鹽竈神社。鹽竈神社は一般に安産の神として知られていますが、現在は東北再興を含めて、それ以上の絶大なるお力を持っていらっしゃる、とても力の強い神さまになっておられます。

ご祭神である塩土老翁神《しおつちのおぢのかみ》は、伊邪那岐命《いざなぎのみこと》の子。『日本書紀』の説話では、兄の海幸彦（火照命《ほでりのみこと》）から借りた釣り針を海に失くしてしまい、どれだけつぐなっても許してもらえず落ちこんでいた山幸彦（火遠理命《ほおりのみこと》）の前に現れて、山幸彦を舟に乗せて海神の宮までの行き方を教えたとされています。そこで、山幸彦は豊玉姫《とよたまひめ》と出会い、その父、綿津見之神《わたつみのかみ》（海神）にも祝福されて結婚しました。

鹽竈神社に参拝されれば、山幸彦と豊玉姫を竜宮城で引き合わせた塩土老翁神から、**安産**のご神徳をいただけるでしょう。

また、武甕槌神《たけみかづちのかみ》・経津主神《ふつぬしのかみ》は、東北を平定した武の神です。その両神を先導したのが塩土老翁神。塩土老翁神は、平定後もこの地に留まり、人々に製塩を教えたと伝

えられています。東北を平定・開拓した武甕槌神・経津主神からは、**開業・起業（事業など）の再興**のご神徳をいただけることでしょう。

鹽竈神社は一般に**漁業、海上交通、産業の神**ともされていますが、塩土老翁神は山幸彦に教えを与え、救ったことから、**悩み事があるときや、何が何でも達成したい、完成させたいといった一大事のとき**、また、**仕事や恋愛、家族関係などで解決の難しい問題が起こったとき**に参拝されるとよいでしょう。

左宮本殿
武甕槌神
右宮本殿
経津主神
わしは特別に別宮なんじゃ
塩土老翁神
塩土老翁神は釣り針を失くし嘆く山幸彦を海神の宮まで案内したおじいちゃん
未来をみすえた予言の神でもある
未来は…？

強い実行力と交通安全の神さま

鹿島神宮

茨城県鹿嶋市

創建❖皇紀元年（初代天皇である神武天皇が即位した紀元前660年）。
ご祭神❖武甕槌大神《たけみかづちのおおかみ》

平安時代に「神宮」の称号で呼ばれていた神社は、伊勢神宮・香取神宮・鹿島神宮の三社だけ。そのことからもわかるように、皇室と関わりが深く、常陸国《ひたちのくに》（茨城県）一之宮として、古くから鎮座されてきました。

ご祭神である武甕槌大神《たけみかづちのおおかみ》は、天照大御神《あまてらすおおみかみ》の命を受け、日本を治めていた大国主神《おおくにぬしのかみ》に国譲りをさせたことでも有名な神さまです。『日本書紀』では、抵抗する大国主神の子、建御名方神《たけみなかたのかみ》と力比べをして屈服させ、信濃国・諏訪に追い払ったとされています（諏訪神社のご祭神は建御名方神ですね）。

武甕槌大神は、大国主神との交渉時に、伊奈佐《いなさ》の浜の沖に神剣を立て、その上にお座りになられた姿で現れたことから、**剣のような強い実行力と、それを果たすための気力と体力、**そして**あらゆることに勇猛果敢に立ち向かう**ご神徳もいただけます。

特に、**会社やチームなどの発展**を願う場合は、団体単位で参拝されると大きな力をいただけます。さらに、**一大勝負のとき、大問題を解決したいとき**にも、強力な神剣のようなご神力をいただけるでしょう。

また、古くから交通、軍事の要衝として知られる鹿島（現・鹿嶋市）は、東国の中心地として繁栄していました。古代、全国から集められた防人《さきもり》が、鹿島から九州地方に立つ際に、鹿島神宮で道中の無事を祈願したことから「鹿島立ち」という故事もあるほど。それゆえ、**交通安全**の神としても讃えられています。

鹿園《ろくえん》
鹿園には30数頭の日本鹿がいる
モグモグ
ボクたちは神さまの遣いなんだよ
一の鳥居
漁業、船舶関係にご縁が深く北浦湖畔の大船津にある
湖の中に立ってます
国宝の直刀
神武天皇東征のとき「布《ふ》都《つの》御《み》魂《たまの》剣《つるぎ》」により国を治めたとされる
要石
イテッ
地中深くつづく巨石のこの下に大なまずがいてその頭をおさえてるといわれる

チーム力がそなわる神社

諏《す》訪《わ》大社

上社本宮／長野県諏訪市
上社前宮／長野県茅野市
下社春宮・秋宮／長野県諏訪郡

創建❖不詳（日本最古の神社と言われるほど古い時代に創建されたと考えられている）
ご祭神❖建御名方神《たけみなかたのかみ》／八坂刀売神《やさかとめのかみ》

諏訪大社は、諏訪湖の南側に上社として本宮・前宮の二社、北側に下社として春宮・秋宮の二社の計四か所の境内を持つ神社です。七年ごと（寅と申年）に行われる「御柱祭《おんばしらまつり》」の様子は、テレビなどで目にした方も多いでしょう。男の度胸試しでもある巨木を曳く姿をひと目見ようと、たくさんの観光客も訪れるほど勇壮なお祭りです。

ご祭神の建御名方神《たけみなかたのかみ》は、大国主神と高志沼河比売神《こしのぬなかわひめのかみ》の御子神で、『古事記』によると、国譲りで武甕槌大神《たけみかづちのおおかみ》に攻め追われ、諏訪湖で服従を誓ったとされます。その後は奥さんの八坂刀売神《やさかとめのかみ》とともに、信濃国の開拓に当たりました。

また、諏訪大社は、坂上田村麻呂《さかのうえのたむらまろ》（平安時代の征夷大将軍）や源頼朝も祈願した武勇の神さま。平氏討伐後、国を一つにまとめた源頼朝が源氏再興の守護神として篤く崇敬したことから、鎌倉時代以降は、東国の軍神として崇拝され、武士の崇敬も増え、武田信玄も社殿の造営を行ったほどです。

諏訪大社は古代から、雨、風、水の守護神として崇敬されています。日本アルプスから諏訪大社を通していただけるエネルギーは、「御柱祭」の一本の柱のように、**会社・家族・夫婦・親子・兄弟姉妹の結束力や一丸となる力**を授けてくださることでしょう。

会社やチームでの**組織力を高めたいとき、家庭内をまとめたいとき**などの参拝におすすめです。

大きなことを成し遂げたいとき、芸術性を磨きたいときに

熊野本宮大社

和歌山県田辺市

創建❖崇神天皇（第10代天皇・紀元前1世紀）の御代
ご祭神❖第一殿　熊野牟須美大神《くまのふすみおおかみ》
第二殿　速玉之男神《はやたまのおのかみ》
第三殿　家津美御子大神《けつみみこのおおかみ》
第四殿　天照大神《あまてらすおおみかみ》

熊野本宮大社は、昔から、「伊勢に七度、熊野に三度」と言われるほど、伊勢の神宮に次ぐ重要なパワースポットです。

熊野三山のうち、最古の神社といわれ、平安時代の上皇、法皇のたび重なる「熊野《くまの》御幸《ごこう》」をはじめ、熊野詣をすれば極楽浄土に行けると考えられ、「蟻《あり》の熊野詣《くまのもうで》*」と言われるほど、大衆から信仰されていました。

神武天皇を導いた三本足の八咫烏《やたがらす》は、熊野三山における神の使いとして祀られ、現在では日本サッカー協会（JFA）のシンボルとしても世に知られています。

主祭神は家津美御子大神《けつみみこのおおかみ》で、素盞嗚尊《すさのおのみこと》のこと。素盞嗚尊は木（紀州の「紀」でもある）の国の神でもあり、木は実がなることなどから食物の精霊とも言われます。樹木・林業の守護神でもあるご祭神、家津美御子大神からは、樹木、すなわち、**木の実の豊作**、**食物の豊作**のご神徳も得られます。

素盞嗚尊は大海原も越せるほどのご神力をお持ちの神であると同時に、日本で初めて和歌を詠んだ芸術的センスのある神さまでもあります。このことから、**歌をはじめとする芸術的才能**のご神徳もいただけるでしょう。

さらには、「これだけは**完成させたい**」「これだけは**達成させたい**」という**人生の一大事のときに、人生の大海原を越すことができる**ような力をいただけるでしょう。

八咫烏は…
太陽の化身で熊野の大神（素戔嗚尊）のお仕えです！
太陽
人
地
天
人間
自然
神さま
神さまと自然と人は太陽の下に
血を分けた兄弟であるという意味！

大斎原《おおゆのはら》の大鳥居
高さ34m 幅42mの巨大鳥居
かつて熊野本宮大社があった場所
田んぼの中にそびえたつ姿は圧巻
大きい!!

＊参詣する人が蟻の行列のように続いていた

八幡神の力で多くの協力者が現れる

宇佐神宮（宇佐八幡宮）

大分県宇佐市

創建❖聖武天皇（第45代天皇）の御代725年

ご祭神❖一之御殿：八幡大神（誉田《ほんだ》別命《わけのみこと》）／二之御殿：比売大神《ひめおおかみ》（多岐津《たぎつ》姫命《ひめのみこと》・市杵嶋姫命《いちきしまひめのみこと》・多紀理姫命《たぎりひめのみこと》）／三之御殿：神功皇后《じんぐうこうごう》（息長帯姫命《おきながたらしひめのみこと》）

宇佐神宮は全国に約四万六百社ある八幡宮の総本宮です。ご祭神は、応神天皇のご神霊で、古来より朝廷から篤く信仰されてきた八幡大神《はちまんおおかみ》。東大寺の大仏建立一大事のときに、「天の神、地の神を率いて、わが身をなげうってでも協力し、必ず大仏建立を成功させる」という絶大な託宣《たくせん》を出されるなど、心強いお言葉を残した神さまです。

そのため、会社や個人で「なんとしても**達成したい**」「必ず**実現させたい**」という一大事の際に参拝されれば、八幡大神から、多くの協力者が現れたり、それらを成し遂げるために**必要な体力と気力**も授けてくださるでしょう。

また、天照大御神《あまてらすおおみかみ》と素戔嗚尊《すさのおのみこと》の誓約《うけい》（占い）によって誕生した比売大神《ひめおおかみ》からは、**夫を支える、内助の功など、家庭円満**のご神徳や、**嫁姑が円満にいく**徳を得られるでしょう。

応神天皇の母である神功皇后《じんぐうこうごう》は、反乱する熊襲《くまそ》の背後に三韓《さんかん》（朝鮮半島南部の地域）が控えているなどのご神託を得て、熊襲を鎮められました。神功皇后からは、**危険や危機が起こる前に第六感が冴えてくる**といった力を与えていただけるでしょう。

本殿
国宝に指定！
反りのある桧皮葺《ひわだぶき》で
白壁朱漆塗柱の建物が
横一列に並んでいる
二棟の切妻造《きりづまづくり》平入《からいり》の建物が
前後につながっている
呉橋《くれはし》
県指定有形
文化財！
西参道にある
屋根のついた橋
昔、呉の国の人が掛けたともいわれ、
この名がある
夫婦石
左右対称の三角の石
パートナーのいない人は両足で踏み、
パートナーのいる人は2人で手をつないで
踏むと幸せな縁に恵まれると
いわれている
いっせ～のせっ

力強い実務力が身につく

駒形神社

岩手県奥州市

奥州平泉の藤原氏や源頼義・義家父子など、古来より多くの武家からの崇敬が篤い、陸中《りくちゅう》一之宮である駒形神社。馬の守護神とされてきた駒形大神《こまがたのおおかみ》（六柱の神の総称）は、東北を平定した坂上田村麻呂《さかのうえのたむらまろ》以降、武士たちの崇敬を集めました。その理由は、**武力と難事に打ち勝つ気力と体力**というご神徳を得られたからでしょう。

駒形神社に参拝すれば、天照大御神《あまてらすおおみかみ》からの教えにより、**自分の進むべき道がわかるようになる**でしょう。就職先の迷い、キャリアを続けるべきかやめるべきか、転職してもいいかどうか、海外で働くべきか日本にとどまるべきか、今結婚していいかどうかなど、**人生の転換期に参拝するとひらめき**をいただけます。

それと同時に、天之常立尊《あめのとこたちのみこと》、国之狭槌尊《くにのさつちのみこと》、吾勝尊《あかつのみこと》、置瀬尊《おきせのみこと》、彦火火出見尊《ひこほほでみのみこと》からは、**段取りよく進められる力**を得られるでしょう。特に、彦火火出見尊からは、仕事や夢、乗り越えなければならないことなどに対し、すさまじい勢いで**実務力**、**実行力**を与えてくださいます。今ひとつ踏み出せない方は、おすすめです。

創建❖景行天皇（第12代天皇・1世紀）御代以前
ご祭神❖天照大御神《あまてらすおおみかみ》、天之常立尊《あめのとこたちのみこと》、国之狭槌尊《くにのさつちのみこと》、吾勝尊《あかつのみこと》、置瀬尊《おきせのみこと》、彦火火出見尊《ひこほほでみのみこと》

どんな願いもOKの神さま

磐椅《いわはし》神社

福島県猪苗代町

会津磐梯山のふもとに鎮座する磐椅神社の境内には、947年に村上天皇（第62代天皇）の勅使によって奉献された会津五桜のひとつ「大鹿桜《おおしかざくら》」や、杉の木に山桜が寄生木し、毎年花を咲かせる「えんむすび桜」などがあり、豊かな自然に囲まれています。

ご祭神の大山祇神《おおやまずみのかみ》は、日本全国の山を管理する総責任者。埴山姫命《はにやまひめのみこと》は、伊邪那美《いざなみ》命《みこと》が火の神である迦具土神《かぐつちのかみ》を生む際にやけどをし、苦しみながら出した糞《くそ》から生まれた神さまです。火と糞の関係から祭事用の道具を作る**粘土**の神さま、**土**の神さま（**農業**の神さま）として深い信仰を集めています。

現在、磐椅神社の神さまは、清き心で願えば、**恋愛**、**縁結び**、**仕事**、**健康**、**家庭など万事が順調に運ぶ**徳を授ける神さまとして力を蓄えられています。大山祇神のごとく**「山のように」物事がしっかり運ぶ**ご神徳をいただけることでしょう。

また、磐梯《ばんだい》山から神の世界にかかる梯子《はしご》（椅《はし》）という意味があるともいわれるように、磐椅神社の神さまから**今必要なアドバイス**をいただけるでしょう。

創建❖応神天皇（第15代天皇・3世紀）の御代　250年
ご祭神❖大山祇神《おおやまずみのかみ》、埴山姫命《はにやまひめのみこと》

交渉事と必勝祈願に絶大な力

香取神宮

千葉県香取市

古くから国家鎮護の神として、皇室からのご崇敬も篤い香取神宮。明治以前までは、伊勢の神宮以外で「神宮」称号を得たのは、鹿島神宮と香取神宮のみ。伊勢の神宮を上参宮と称し、鹿島神宮と香取神宮は下参宮と呼ばれていました。

ご祭神である経津主大神《ふつぬしのおおかみ》は、天照大御神《あまてらすおおみかみ》の命を受け、鹿島神宮のご祭神・武甕槌大神《たけみかづちのおおかみ》とともに出雲国へ行き、大国主神と交渉した結果、円満に国譲りを実現させた神さまです。

国内の荒ぶる神々を従わせ、日本建国の基礎を築いた後、この地に留まったとされています。

そのご神徳は、**産業（農業・商工業）**、**海上守護**とされていますが、やはり**交渉事や必勝祈願**には絶大なるご神徳を発揮されることでしょう。**交渉を有利に運びたいとき、試験や試合、コンペなどで勝利を手におさめたいとき**などは、ぜひ参拝を。勇敢な心を与えてくださいます。

創建❖神武天皇（初代天皇・紀元前7世紀）18年
ご祭神❖経津主大神《ふつぬしのおおかみ》

縁結び、協力者の出現、力強さや勝負運が得られる

神田神社（神田明神）

東京都
千代田区

創建❖天平2年（730年）
ご祭神❖大己貴命《おおなむちのみこと》、少彦名命《すくなひこなのみこと》、平将門命《たいらのまさかどのみこと》

江戸東京に鎮座して約1300年の歴史を持つ神田神社。江戸総鎮守の神「神田明神」として、古くから庶民に親しまれています。

大己貴命《おおなむちのみこと》は、縁結びの神さまとして知られる出雲大社のご祭神、大国主神でもあられるように、**恋愛、仕事、友人などでのご縁**を結びたいときに行くと、ご神徳をいただけるでしょう。

少彦名命《すくなひこなのみこと》は手の平にのるほどの小さな神さまで、大己貴命とともに、すぐれた知恵を発揮し、世のため人のために、国づくりをされた神さまです。**今進めていることのサポーターを得たいとき**にお祈りすれば、協力者を得られるでしょう。

また、平将門命は**力強さや勝負運**の神さま。徳川家康が1600年の関ヶ原の戦いに臨んだ際、祈禱を行ったところ、神田祭の日に勝利をおさめて天下統一を成し遂げたと伝えられています。それゆえ、**試験や大事な商談など「ここぞ」というときに**参拝すると、大きな力をいただけるでしょう。

物ごとをよき形にまとめてくれる

白山比咩神社《しらやまひめじんじゃ》

石川県白山市

創建❖崇神天皇（第10代天皇・紀元前1世紀）7年
ご祭神❖白山比咩大神《しらやまひめのおおかみ》（菊理媛尊《くくりひめのみこと》）

全国三千社あまりある白山神社の総本宮。養老元年（717年）に、僧泰澄《たいちょう》が白山に登拝して以来、白山修験道の拠点として、中世には源氏、北条氏などの武士の崇敬を受けました。霊峰「白山」から白山比咩大神《しらやまひめのおおかみ》を通していただける生命の水の神さまとしても崇敬されています。

ご祭神の菊理媛尊《くくりひめのみこと》は、『日本書紀』によると、伊邪那岐命《いざなぎのみこと》（夫神）と伊邪那美命《いざなみのみこと》（妻神）の夫婦ゲンカを仲裁した神さまです。ご夫婦で参拝されれば、**素敵な夫婦関係**を築けるでしょう。

また、白山比咩大神は別名「くくりひめ」と言われるように、**物事をまとめる**ご神徳をいただけるでしょう。**会社、組織、家族などをまとめたいとき**に祈願されると強いご神力を得られます。**物事の調和**を得意とする白山比咩神社では、**日本の平和、世界の平和**もお祈りください。そして、人が人を思いやり、地球環境を思いやり、国家をお護《まも》りくださいとお祈りすれば、皆さんの悩みは自然と解決していくでしょう。

衣食住、健康と長寿、音楽や舞踏など
多くのご神徳がいただける神社

氣《け》比《ひ》神宮

福井県敦賀市

海洋民族の拠点だった敦賀《つるが》の地から朝廷に数々の海産物を献上したことから、氣比《けひ》大神《おおかみ》と言われる伊奢沙別命《いざさわけのみこと》は食物を司る御食津神《みけつかみ》とされました。それゆえ**農漁業をはじめ衣食住に困らない**ご神徳をいただけます。また、神功皇后《じんぐうこうごう》は、新羅《しらぎ》征討の後に筑紫で、後に応神《おうじん》天皇となられる御子をお生みになられたことから、**安産**の神さまとして霊験あらたかです。仲哀《ちゅうあい》天皇、神功皇后《じんぐうこうごう》、日本武尊《やまとたけるのみこと》、応神天皇、武内宿禰命《たけのうちのすくねのみこと》からは、**健康で長寿**のご神徳を、玉姫命《たまひめのみこと》からは**音楽や舞踊**のご神徳をいただけるでしょう。

一般に、**海上交通**、**農漁業**のご神徳として知られる氣比神宮ですが、実はそれ以上の力がある神社です。それは、弘法大師が「氣比神宮になにかあれば、高野山の私財をなげうってでも、社殿の修復に尽くせ」とたたえたことからもわかります。

つまり、**国の政治や経済がよい方向に向かう**ように、**自然災害が起こらないように**といった、**国家規模のことを祈願**されると神さまも喜ばれます。社会全体の幸せを祈った後に、謙虚に自分の願いを伝えると、それなりのご加護をいただけるでしょう。

創建❖不詳（2000年あまり前）
ご祭神❖伊奢沙別命《いざさわけのみこと》、帯中津彦命《たらしなかつひこのみこと》（仲哀《ちゅうあい》天皇）、息長帯姫命《おきながたらしひめのみこと》（神功皇后《じんぐうこうごう》）、日本武尊《やまとたけるのみこと》、応神《おうじん》天皇、玉姫命《たまひめのみこと》、武内宿禰命《たけのうちのすくねのみこと》

剣のごとく、相手に打ち勝つ力を授けてくださる神さま

熱田神宮

愛知県名古屋市

創建❖景行天皇（第12代天皇・1世紀）の御代
ご祭神❖熱田大神《あつたのおおかみ》

ご祭神の熱田大神とは、三種の神器のひとつである「草薙神剣《くさなぎのみつるぎ》」を依《よ》り代《しろ》とする天《あま》照大御神《てらすおおみかみ》のことです。「草薙神剣」は、出雲で素戔嗚尊《すさのおのみこと》が八岐大蛇《やまたのおろち》を退治したときに、その尾から出てきた太刀で、後に日本武尊《やまとたけるのみこと》の東征の時に、この剣で草を薙《な》ぎ払い、賊《ぞく》徒《と》を平定したとされています。日本武尊はその後、近江の賊徒平定に向かった後、伊勢国で力尽きて亡くなってしまいますが、妻である宮簀媛命《みやすひめのみこと》は、草薙剣を尾張一族の熱田にお祀りになりました。これが熱田神宮の起源です。

以来、尊いお宮として崇敬を集めていますが、熱田神宮宮司の娘が母である源頼朝は、熱田神宮を深く崇敬し、足利、織田、豊臣、徳川氏も社殿修造等に努めました。織田信長は、桶狭間の合戦の前に、熱田神宮に必勝祈願をして勝ったと言われています。

剣のように、**相手に打ち勝つ力が必要なとき**に参るといいでしょう。特に、会社、組織など団体で参拝すると、熱田大神から力強いご神徳をいただけます。また、**もめ事を解決したいとき**も、剣のような切れ味でスッキリ解決してくれるでしょう。

事業・商売繁盛と実行力がいただける神さま

住吉大社

大阪府大阪市

創建❖神功皇后摂政11年（211年）
ご祭神❖住吉大神《すみよしのおおかみ》（底筒男命《そこつつのおのみこと》・中《なか》筒男命《つつのおのみこと》・表筒男命《うわつつのおのみこと》）、神功皇后《じんぐうこうごう》

全国二千三百社余りの住吉神社の総本社で、大阪の人たちから「すみよっさん」と親しまれています。

ご祭神の住吉大神である、底筒男命《そこつつのおのみこと》・中筒男命《なかつつのおのみこと》・表筒男命《うわつつのおのみこと》の三神は、伊邪那岐《いざなぎの》命《みこと》が黄泉《よみ》の国で醜くなった妻の姿を見て逃げ帰ってきたときに、穢れをとろうと、海に入って洗い清める禊《みそぎ》をしたときに生まれた神さま。

住吉大社は、**商売運**、**事業運**、**経済運**のご神徳があるとされていますが、まずは住吉大神の持つ清らかな心、邪心のない素直な心で商売をし、それでも事業が行き詰まったときに参拝すると、**事業や商売が繁盛する**というご神徳をいただけるでしょう。

また、ご祭神の神功皇后《じんぐうこうごう》は、住吉大神の力をいただき、妊娠中（おなかの子はのちの応神天皇）に三韓を平定しました。**安産**のご神力とともに、神功皇后の持つ実行力も加わって、今なすべきことを先送りすることなく、**強い意志でやりとげる力**をいただけるでしょう。

人生の困難、苦難にぶつかったときに参るべき神社

大神《おおみわ》神社（三輪神社）

奈良県
桜井市

創建❖不詳
ご祭神❖大物主大神《おおものぬしのおおかみ》、大己貴神《おおなむちのかみ》、少彦名神《すくなひこなのかみ》

本殿を持たず、三輪山をご神山として成立したわが国最古の神社。三ツ鳥居の内側（三輪山）を禁足地とする、神社祭祀の源初的形態を残しています。

ご祭神の大物主大神《おおものぬしのおおかみ》とは、大己貴神《おおなむちのかみ》（大国主神《おおくにぬしのかみ》の別名）の幸魂《さちみたま》・奇魂《くしみたま》（P.56）のこと。

また、少彦名神《すくなひこなのかみ》は、大物主大神と一緒に国づくりを行ってきた神さまです。

『日本書紀』によると、崇神天皇7年（紀元前91年）に、大物主大神は倭迹迹日百襲《やまとととひももそ》姫命《ひめのみこと》にのり移り、天皇の夢枕に立たれました。そして、「こは我が心ぞ。意富多多泥《おおたたね》古《こ》をもちて、我が御魂を祀らしむれば、神の気起こらず、国安らかに平ぎなむ」と告げられたため、崇神天皇は意富多多泥古を神主として、大物主大神の御魂を祀らせたところ、天変地異や疫病が収まったと言われています。

そのことから、**仕事や恋愛の問題、退職すべきか、結婚すべきかなど迷ったとき、会社経営に行き詰ったときなど困難や危機にあったとき、**また、**病気の回復を願うと**きなどに参拝されれば、強力なご神徳をいただけるでしょう。

強い意志力を授けてくれる神さま

嚴島神社《いつくしまじんじゃ》

広島県廿日市市

創建❖推古天皇（第33代天皇）元年（593年）
ご祭神❖市杵嶋姫命《いちきしまひめのみこと》、田心姫命《たごりひめのみこと》、湍津姫命《たぎつひめのみこと》

ご祭神は、三柱の弁天様。朱色の美しい社殿は、平清盛の援助を得て建立されました。平氏の氏神とされてきた嚴島神社ですが、霊夢によるお告げを聞いた平清盛は、以後数十回にわたり嚴島神社に参詣したところ、平家は栄華を極めました。

平家一門の隆盛とともに当社も栄えましたが、平家滅亡後も源氏をはじめとして、時の権力者の崇敬を受けた神社です。

『古事記』によると、ご祭神の三柱の弁天さまは、天照大御神《あまてらすおおみかみ》が須佐之男命《すさのおのみこと》の十拳剣《とつかのつるぎ》を譲り受けて、その剣から生まれた神々です。

女性の神さまですが、三女神が生まれた須佐之男命の刀のように、**力強い実行力**を授けてくださいます。**新しいことをはじめたいとき**、**仕事や人生の目標を達成したいとき**などに参拝すると、それを**やり抜く力**をいただけるでしょう。

仕事や恋愛、夫婦間、友人関係などでこれまでしっかり努力をしてきた方がご参拝されれば、さらに**強い意志力がつく**ことを感じられるはずです。

人を幸せにしたり喜ばせたりする力が授かる

玉祖神社《たまのおや》

山口県防府市

創建 ❖ 不詳
ご祭神 ❖ 玉祖命《たまのおやのみこと》

『日本書紀』によると、ご祭神の玉祖命《たまのおやのみこと》は、天岩戸に隠れた天照大御神《あまてらすおおみかみ》を、岩戸から出現させるため、御幣《みてぐら》（祭祀の道具で二本の紙垂を木の串に挟んだもの）に掛ける勾玉《まがたま》の製作を命じられた神さま。

その勾玉である「八尺瓊勾玉《やさかにのまがたま》」は、後に「三種の神器」の一つとして、代々の天皇が継承しています。

八尺瓊勾玉をつくられた玉祖命は、天孫降臨《てんそんこうりん》をした瓊瓊杵命《ににぎのみこと》の国土開発の補佐をして、中国地方を治め、土地の人の生活を守りました。その後、玉祖命はこの地で亡くなられ、その御魂を祀るために玉祖神社が創建されたと伝えられています。

国土平定や開拓に尽力され、周りの人の生活を豊かに、幸せにした玉祖命からは、あらゆる場面で、**人を喜ばせたり、幸せにしたりする活躍の場**を与えていただけるでしょう。お願いをするときは、「〇〇を幸せにするために、この仕事が成功しますように」など、誰かのためにお祈りしてください。

人生を安心、安泰に進むご神徳を得られる

土佐神社

高知県高知市

創建❖雄略天皇（第21代・5世紀）の御代
ご祭神❖味鋤高彦根神《あじすきたかひこねのかみ》、一言主神《ひとことぬしのかみ》

味鋤高彦根神《あじすきたかひこねのかみ》は、大国主神の子で国土開拓の神さまです。**農業**はもちろん、**あらゆる産業の繁栄**にご神徳がいただけるでしょう。

商売繁盛の神として崇敬されてきた一言主神《ひとことぬしのかみ》からは、プレゼンの前や大きな契約を結ぶ前、告白、プロポーズなど、「ここぞ」というときに**ひとこと決め言葉となるような言葉が出てくる**というご神徳を得られます。特に言葉の影響が大きい企業のトップ、政治家などにはおすすめです。

また、土佐といえば、日本の夜明け＝国難＝**大変な時にこそ力を与えてくださる**神さまでもあります。加えて、土佐は海上交通の要であったことから、困難な状況でも安全な航海にしていただける**「安泰で安全な状態」**を保つご神徳を得ることもできます。このご神徳は航海だけに限らず、**人間同士のトラブルを避け**、**会社や家庭を安泰にする力**もいただけることでしょう。危難が起こりそうな兆候があったら、参るべき神社です。

よくないものが離れていき安泰な暮らしが実現

筥崎宮《はこざきぐう》

福岡県福岡市

創建❖延喜21(921)年
ご祭神❖応神天皇《おうじんてんのう》、神功皇后《じんぐうこうごう》、玉依姫命《たまよりひめのみこと》

筥崎宮は、大分県宇佐市の宇佐神宮、京都府八幡市の石清水八幡宮とともに「日本三大八幡宮」のひとつとされています。

この地は、鎌倉時代に蒙古《もうこ》との激烈な戦場となった土地でもあります。醍醐《だいご》天皇は必勝祈願をし、天皇の直筆で書かれた「敵国降伏」という書を神門に掲げました。すると、神風が吹き荒れ、蒙古軍の大船団は海中に滅びたそうです。この出来事によって、筥崎宮は〝元寇《げんこう》に神威を発揮された神〟として知られるようになりました。

そのことから、筥崎宮に参拝すれば、**仕事を妨害しようとするもの、家庭を壊そうとするもの、弱みにつけこんでだまそうとするもの、ストーカーなどのよくないものは離れていき、安穏に過ごすことができる**というご神徳をいただけるでしょう。

ただし、身勝手な願いでなく、多くの人の幸せを願うように祈ること。元寇という国家最大の危機に際して、国民一人ひとりの安泰と幸せが祈られた筥崎宮では、同じように祈ることで、神さまから**安泰と幸せ**のご加護(ご神徳)を得られるでしょう。

よき出会いと行くべき道を与えていただける

枚聞《ひらきき》神社

鹿児島県指宿市

創建❖神武天皇（初代天皇・紀元前7世紀）即位以前
ご祭神❖枚聞神一座（大日孁貴神《おおひるめむちのかみ》と、その五男神、三女神）

ご祭神の大日孁貴神《おおひるめむちのかみ》とは、天照大御神《あまてらすおおみかみ》の同体異名のこと。もとは、枚聞神社のすぐ後ろにある開聞岳《かいもんだけ》をご神体とする山岳信仰に根ざした神社とされ、神代の時代からあった古い神社と考えられています。

海のすぐ近くにそびえたつ開聞岳は、海の幸を生活の糧にする人と、山の幸を生活の糧にする人たちが古くから住んでいた場所。そのことから、海幸彦、山幸彦が登場する竜宮伝説が育まれた場所でもあります。

彦火火出見命《ひこほほでみのみこと》（山幸彦）が海で失った針を求めに来た地こそが、枚聞神社が創建された開聞岳一帯であり、妻となる豊玉姫《とよたまひめ》とお会いになった地でもあったのです。

このことから、**よきパートナー（伴侶）との出会い**を与えていただくご神徳と、失った針を求めたことから**自分の行くべき道が見つかる**というご神徳も得られることでしょう。

素敵な出会いと新しいものを生み出す力が得られる

波上宮《なみのうえぐう》

沖縄県那覇市

沖縄総鎮守の神として、多くの参拝客で賑わう波上宮。伊弉冉尊《いざなみのみこと》（伊邪那美命）は、伊弉諾尊《いざなぎのみこと》（伊邪那岐命）とともに、日本の国土および地上の森羅万象を象徴する神々を生んだ神さまです。

『波上宮略記』によると、はるか昔、人々がニライカナイ（海神の国）の神々に豊漁豊穣と平穏を祈り続けた聖地が、波上宮が鎮座する波の上の崖端であったとされています。この場所は日々の祈りを捧げ続けた拝所なのです。

国＝島を生み、さまざまな神々を生んだ伊弉冉尊からは、伊弉冉尊と伊弉諾尊のような**出会いのご縁**をいただけるでしょう。また、起業家、経営者が参拝されれば、**産業に関する新しいアイデアや新しい商品**を、芸術家や作家などが参拝されれば、**斬新なアイデアや作品を生む**ことができるでしょう。

波上宮は和歌山県の熊野信仰の系列でもあります。蘇りの神ともいわれる熊野大神から**健康・長寿**と、**現状打破**のご神徳も得られるでしょう。

創建❖不詳
ご祭神❖伊弉冉尊《いざなみのみこと》、速玉男命《はやたまおのみこと》、事解男尊《ことさかおのみこと》

ご神徳をいただける神社リスト

北海道神宮　北海道札幌市

創建❖明治2年
ご祭神❖大国魂神《おおくにたまのかみ》、大那牟遅神《おおなむちのかみ》、少彦名神《すくなひこなのかみ》、明治天皇

大国魂神、大那牟遅神、少彦名神は国土経営をされた神さま。起業や経営を軌道に乗せたいとき、リーダーとして先頭に立ちたいときなどに祈願するとよい。

岩木山神社　青森県弘前市

創建❖宝亀11（780）年
ご祭神❖顕国魂神《うつしくにのたまのかみ》、多都比姫神《たつひひめのかみ》、宇賀能賣神《うがのめのかみ》、大山祇神《おおやまづみのかみ》、坂上刈田麿命《さかのうえのかりたまろのみこと》

ご神体は標高1625mの岩木山。五穀豊穣を願うとき、開運したいとき、事業などで売り上げ倍増を目指したいときなどに参拝すると、安定や安泰のご神力をいただける。

太平山三吉神社《たいへいざんみよし》　秋田県秋田市

創建❖白鳳2（673）年
ご祭神❖大己貴大神《おおなむちのおおかみ》、少彦名大神《すくなひこなのおおかみ》、三吉霊神《みよしのおおかみ》

征夷大将軍、坂上田村麻呂が、東夷征討の戦勝を祈願し、社殿を建立。勝利の神、成功の神と言われ、事業運を好転させたいとき、試合に勝機を得たいときに行くべき神社。

鳥海山大物忌神社《ちょうかいざんおおものいみ》　山形県飽海郡

創建❖欽明天皇（第29代天皇・6世紀）25年（564年）
ご祭神❖大物忌大神《おおものいみのおおかみ》

吹浦口の宮と蕨岡口の宮があり、歴代天皇のほか、多くの武将が崇敬した神社。会社経営や家庭、仕事の安泰を願って参拝すると、大物忌大神から、強力なご神徳をいただける。

都々古別《つつこわけ》神社　福島県東白川郡

創建❖景行天皇（第12代天皇・1世紀）の御代
ご祭神❖味耜高彦根之命《あじすきたかひこねのみこと》

日本武尊《やまとたけるのみこと》が東征の際に、味耜高彦根之命を祀り、その加護により勝利をおさめたと伝えられている。新しい企画や仕事を生み出したいとき、物ごとを進めるべきときに行くべき神社。

日光二荒山《にっこうふたらさん》神社　栃木県日光市

創建❖神護景雲元年（767年）
ご祭神❖二荒山大神《ふたらさんおおかみ》

二荒山大神は、会社永続、家庭繁栄の神として知られる神。ご神体は、男体山、女体山、そして中禅寺湖。いまだ霊格の高い神域であり、諸問題を打開したいときに参るべき神社。

一之宮貫前《いちのみやぬきさき》神社　群馬県富岡市

創建❖安閑天皇（第27代天皇）（531年即位）以前

ご祭神❖経津主神《ふつぬしのかみ》、姫大神《ひめおおかみ》

経津主神は、武の神として武者達の崇敬をうけた神。姫大神はその妻で、養蚕機織の神と言われる。ライバルに勝ちたいときに行くとご神徳がいただける。

玉前《たまさき》神社　千葉県長生郡

創建❖神武天皇（初代天皇・紀元前7世紀）の御代

ご祭神❖玉依姫命《たまよりひめのみこと》

心新たに、新しいことに挑戦したいときに行くといい。姉、豊《とよ》玉姫《たまひめ》から御子を託され、乳母神となられた玉依姫からは、子授け、出産、養育、安産などのご神力をいただける。

富岡八幡宮　東京都江東区

創建❖寛永4年（1627年）

ご祭神❖応神天皇《おうじんてんのう》、他八柱

火事や地震、戦争などの被害にあいながらも克服してきた富岡八幡宮。八幡神からは、夫婦・親子・友達間のトラブルや会社・事業・個人の難事に強力なご神徳をいただける。

明治神宮　東京都渋谷区

創建❖大正9年（1920年）

ご祭神❖明治天皇、昭憲皇太后《しょうけんこうたいごう》

国民の声により、明治天皇と昭憲皇太后のご神霊をお祀りする神宮を創建。国家国民の幸福と日本と諸外国との友好を願っていらっしゃった明治天皇から、友達や家族、夫婦間の幸福というご神徳をいただける。

井草八幡宮　東京都杉並区

創建❖不詳

ご祭神❖八幡大神《やはたのおおかみ》（応神天皇）

八幡大神は、国土開拓、産業振興、武の神とされる神さま。大難を小難にする力があり、奮闘したいときに参拝すると、ご神力をいただける。

大宮八幡宮　東京都杉並区

創建❖康平6年（1063年）

ご祭神❖応神天皇、仲哀天皇《ちゅうあいてんのう》、神功皇后《じんぐうこうごう》

旧境内地からは弥生時代の祭祀遺跡が発掘されるなど、太古より聖域であったとされる。努力した結果、参拝すると、不思議なご神力をいただける。

彌彦《いやひこ》神社　新潟県西蒲原郡

創建❖和銅4年（711年）以前

ご祭神❖天香山命《あめのかぐやまのみこと》

天香山命は、神武天皇に「布都御魂剣《ふつみたまのつるぎ》」を渡し、大和征服を果たすために貢献したとされる神さま。事業繁栄や事業を成し遂げる体力をいただける。

高瀬神社　富山県南砺《なんと》市

創建❖景行天皇（第12代天皇・1世紀）の御代

ご祭神❖大国主命《おおくにぬしのみこと》

大国主命は、国土開発の神さま。仕事、取引先の新規開拓をしたいとき、友達や異性間で新しい出会いがほしいとき、行動を改めて心機一転したいときに行くといい。

氣《け》多《た》大社　石川県羽咋《はくい》市

創建❖孝元天皇（第8代天皇・紀元前3世紀）、あるいは崇神天皇（第10代天皇・紀元前1世紀）の御代。神代という説もあり。／**ご祭神**❖大国主神《おおくにぬしのかみ》

奥宮は、国指定天然記念物になっている「入らずの森」と呼ばれる聖域に鎮座。悪神を鎮め国土を開拓した大国主神からは、会社・学校・家庭・夫婦間などの悪しき風習・慣習・癖・思考などを改めるご神徳がいただける。

浅間《あさま》神社　山梨県笛吹市

創建❖垂仁天皇（第11代天皇・紀元前1世紀）8年

ご祭神❖木花開耶姫命《このはなさくやひめのみこと》

ご祭神は霊峰富士の神さま、木花開耶姫命。火山鎮護、酒造の守護、子授け、安産の守護神として多くの人に崇敬され、美しさと富士山のように安定した強さを与えていただける。

南宮《なんぐう》大社　岐阜県不破郡

創建❖崇神天皇（第10代天皇・紀元前1世紀）の御代

ご祭神❖金山彦命《かなやまひこのみこと》

鉱山、金属、精錬の神として、今も深い尊敬を集めている金山彦命。平和な環境を与えてくださる神でもあり、物事を落ち着いて考えられるようになりたいときに参拝すべき神社。

水無《みなし》神社　岐阜県高山市

創建❖貞観9年（867年）以前

ご祭神❖水無大神《みなしおおかみ》（主祭神、御歳大神をはじめ十五柱の神の総称）

位山《くらいやま》をご神体山として祀り、神代の時代からあったと伝えられる。参拝すれば、現在進めている物ごとを完成させるご神力をいただける。

三嶋大社　静岡県三島市

創建❖不詳

ご祭神❖大山祇命《おおやまづみのみこと》、積羽八重言代主神《つみはやえことしろぬしのかみ》

全国に約七百社ある三嶋神社の総本社。源頼朝が平家打倒の戦勝祈願をした神社でもあり、勝負運、受験合格、商売繁盛などのご神徳をいただける。

砥鹿《とが》神社　愛知県豊川市

創建❖文武天皇（第42代天皇・7〜8世紀）の御代

ご祭神❖大己貴命《おおなむちのみこと》

国土開拓を行い日本をまとめあげた大己貴命からは、会社・組織・団体・家庭が栄え、結束する力をいただける。

真清田《ますみだ》神社　愛知県一宮市

創建❖神武天皇（初代天皇・紀元前7世紀）33年

ご祭神❖天火明命《あめのほあかりのみこと》

天火明命は、農業・産業の守護神。強い精神力が必要なとき、衣食に困らない生活を望むときに行くと力をいただける。

椿大神社《つばきおおかみやしろ》　三重県鈴鹿市

創建❖垂仁天皇（第11代天皇・紀元前1世紀）27年

ご祭神❖猿田彦大神《さるたひこのおおかみ》

猿田彦大神は『日本書紀』で天孫降臨のとき、瓊瓊杵尊《ににぎのみこと》に先導を申し出たことから、道開きの神と言われる。自分が成すべき進路を決めたいとき、道に迷ったときに行くべき神社。

都《つ》波《ば》岐《き》奈《な》加《か》等《と》神社　三重県鈴鹿市

創建❖ 雄略天皇（第21代天皇・5世紀）23年
ご祭神❖ 猿田彦大神《さるたひこのおおかみ》
天孫降臨の際に瓊瓊杵尊《ににぎのみこと》に道案内をした猿田彦大神は、よき方向へと導いてくれる神さま。会社・家屋の新築、移住、転居、旅行、就職、結婚などのときに行けば、よき指針をいただける。

多賀大社　滋賀県犬上郡

創建❖ 不詳。和銅5年（712年）以前
ご祭神❖ 伊邪那岐大神《いざなぎのおおかみ》、伊邪那美大神《いざなみのおおかみ》
ご祭神は、日本の国土、森羅万象を象徴する神々を生んだ国生みの神さま。そのことから、健康運をいただきたいとき、物ごとを完成させたいときに行くとご神徳をいただける。

籠《この》神社　京都府宮津市

創建❖ 不詳
ご祭神❖ 彦火明命《ひこほあかりのみこと》
天照大御神と豊受大神が伊勢に移られる前におられたとされる地。温故知新の神として、会社や学校、家などの伝統を重んじたうえで新しいことをはじめるときに参拝するとよい。

枚《ひら》岡《おか》神社　大阪府東大阪市

創建❖ 神武天皇（初代天皇・紀元前7世紀）即位の3年前
ご祭神❖ 天児屋根大神《あめのこやねのおおかみ》、比売大神《ひめおおかみ》、経津主命《ふつぬしのみこと》、武甕槌命《たけみかづちのみこと》
天児屋根大神は、祭祀、神事、卜占の神。また、夫婦和合、学業、教えの神でもあり、人生の指針を得たいとき、事業の協力者を得たいときなどに行くとよい神社。

伊《い》弉《ざ》諾《な》神《ぎ》宮　兵庫県淡路市

創建❖ 古代。和銅5年（712年）以前
ご祭神❖ 伊弉諾尊《いざなぎのみこと》、伊弉冉尊《いざなみのみこと》
『記紀』の中で、伊弉諾尊と伊弉冉尊が最初に生んだ島が淡路島。境内には樹齢800～900年と推定される県指定天然記念物「夫婦の大楠」がある。強力な縁の神さまであり、夫婦和合、家庭の幸せを願うときに行くとよい。

春《かす》日《が》大社　奈良県奈良市

創建❖ 神護景雲2年（768年）
ご祭神❖ 武甕槌命《たけみかづちのみこと》、経津主命《ふつぬしのみこと》、天児屋根命《あめのこやねのみこと》、比売神《ひめがみ》
平城京の守護と国民の繁栄を祈願するために創建された神社。藤原氏の氏神として隆盛した社のご祭神から、事業繁栄や家庭円満のご神徳を得られる。

宇《う》倍《べ》神社　鳥取県鳥取市

創建❖ 孝徳天皇（第36代天皇）大化4年（648年）
ご祭神❖ 武内宿禰命《たけのうちのすくねのみこと》
景行・成務・仲哀・応神・仁徳の五代の天皇に仕えたご祭神。長寿の神でもあり、安穏な毎日や病気平癒、よき出会いを願うとよい神社である。

水《みず》若《わか》酢《す》神《じん》社《じゃ》　島根県隠岐郡

創建❖ 仁徳天皇（第16代天皇・4世紀）の御代
ご祭神❖ 水若酢命《みずわかすのみこと》
航海守護の神である水若酢命からは、人生の大海原を安全に導いてくれるご神徳をいただける。会社経営守護、家庭円満、男女関係守護を願うときに行くとよい。

吉備津《きびつ》神社　岡山県岡山市

創建❖仁徳天皇（第16代天皇・4世紀）の御代
ご祭神❖大吉備津彦命《おおきびつひこのみこと》
桃太郎伝説が残る神社。鬼退治をした大吉備津彦命からは、桃太郎のような実行力で、産業や製造を促進するご神徳をいただける。また、安産の神でもある。

住吉神社　山口県下関市

創建❖仲哀天皇（第14代天皇・2〜3世紀）の御代
ご祭神❖住吉三神（底筒男命《そこつつおのみこと》、中筒男命《なかつつおのみこと》、表筒男命《うわつつおのみこと》）、応神天皇、武内宿禰命《たけのうちのすくねのみこと》、神功皇后《じんぐうこうごう》、建御名方命《たけみなかたのみこと》
神功皇后が神託を得て祀った住吉大神のご神徳から、道が開け、仕事や結婚・家庭をよい方向に改善することができる。

忌部《いんべ》神社　徳島県徳島市

創建❖神武天皇（初代天皇・紀元前7世紀）の御代
ご祭神❖天日鷲命《あめのひわしのみこと》
阿波国を開拓した天日鷲命の功績から、朝廷の重要な神事、祭祀を任せられていた忌部氏。世のため人のためという心で参拝すれば、仕事、家庭などあらゆることに対し、神さまからよき導きをいただける。

田村神社　香川県高松市

創建❖不詳
ご祭神❖倭《やまと》迹迹《とと》日《ひ》百《もも》襲《そ》姫命《ひめのみこと》、五十狭芹彦命《いさせりびこのみこと》、猿田彦大神《さるたひこのおおかみ》、天五《あめのい》田根命《たねのみこと》、天隠山命《あめのかぐやまのみこと》
倭迹迹日百襲姫命は数々の予言を的中させた巫女としての性格を持つ神。鋭い勘を得たいとき、人生の悩みに的確な指針をいただきたいときなどに行くとよい。

大山祇《おおやまづみ》神社　愛媛県今治市

創建❖推古天皇（第33代天皇）2年（594年）
ご祭神❖大山積《おおやまつみの》（祇）神《かみ》一座
山を司る神といわれる大山祇神は、正邪を分ける神でもあることから、仕事・組織・企業・学校・家庭などを正しい方向に導きたいときに行くといい神社。

太宰府《だざいふ》天満宮　福岡県太宰府市

創建❖延喜19年（919年）
ご祭神❖菅原道真公《すがわらのみちざねこう》（天満大自在天神《てんまだいじざいてんじん》）
昌泰4（901）年、筑前国大宰府に無実の罪で流され、その二年後に亡くなられた道真公。道真の学問力や実行力から、眠っていた多彩な才能が開花するご神徳をいただける。

宗像《むなかた》大社　福岡県宗像市

創建❖神武天皇（初代天皇・紀元前7世紀）即位以前
ご祭神❖市杵島姫神《いちきしまひめのかみ》（辺津宮《へつみや》）、湍津姫神《たぎつひめのかみ》（中津宮《なかつみや》）、田心姫神《たごりひめのかみ》（沖津宮《おきつみや》）
ご祭神は、天照大御神《あまてらすおおみかみ》と素戔嗚尊《すさのおのみこと》の誓約《うけい》の時に、天照大御神の息から生まれた三女神。皇孫を助けるほどのご神力により仕事・家庭などあらゆることが安定するご神徳をいただける。

千栗《ちりく》八幡宮　佐賀県三養基郡

創建❖聖武天皇（第45代天皇・8世紀）の御代
ご祭神❖応神天皇、仲哀天皇、神功皇后
八幡神のご神託を受けて千根《ちこん》の栗が生えている地に社殿を建てたと言われる。国家鎮護、武勇の神であり、ここぞと決断したいとき、心願を成就したいときに行くべき神社。

諏訪《すわ》神社　長崎県長崎市

創建❖不詳、寛永2（1625）年再興

ご祭神❖建御名方神《たけみなかたのかみ》、八坂刀売神《やさかとめのかみ》、森崎大神《もりさきおおかみ》、住吉大神

戦国時代にキリスト教徒の支配地となり打ち壊しにあい、安政4年にも火災で焼失したが、そのたびに再興。参拝すれば何事も克服できる気力とご神徳をいただける。

阿蘇《あそ》神社　熊本県阿蘇市

創建❖孝霊天皇（第7代天皇・紀元前3世紀）9年

ご祭神❖健磐龍命《たけいわたつのみこと》、他十一柱

ご祭神、健磐龍命は、神武天皇の勅命によって阿蘇に下り、鎮西鎮護の大役を果たした神さま。航海安全の神さまでもあり、冷静沈着な心と行動をいただける神社。

鵜戸《うど》神宮　宮崎県日南市

創建❖崇神天皇（第10代天皇・紀元前1世紀）の御代

ご祭神❖日子波瀲武鸕鷀草葺不合尊《ひこなぎさたけうがやふきあえずのみこと》

天孫瓊瓊杵尊《ににぎのみこと》を祖父に持ち、山幸彦と海神の娘という異なる世界の父母からお生まれになったご祭神から、良きことに巡り会い、良縁のご神徳をいただける。子どもの発達に、お乳岩が有名。

宮崎神宮　宮崎県宮崎市

創建❖神代

ご祭神❖神日本磐余彦天皇《かむやまといわれひこのすめらみこと》（初代天皇、神武天皇のこと）

ビジネスでの大躍進を祈って参拝されると起業や新規事業が会社の発展につながり、日本のことを祈り個人的な開運を願ってご参拝されると、家庭円満につながる新たな発見を授かるというご神徳をいただける。

霧島神宮　鹿児島県霧島市

創建❖欽明天皇（第29代天皇、6世紀）の御代

ご祭神❖天饒石国饒石天津日高彦火瓊瓊杵尊《あめにぎしくににぎしあまつひたかひこほのににぎのみこと》、木花咲耶姫尊《このはなさくやひめのみこと》、彦火火出見尊《ひこほほでみのみこと》、豊玉姫尊《とよたまひめのみこと》、鵜鷀草葺不合尊《うがやふきあえずのみこと》、玉依姫尊《たまよりひめのみこと》、神倭磐余彦尊《かみやまといわれひこのみこと》

瓊瓊杵尊《ににぎのみこと》が降臨した高千穂峰により、山岳信仰の社とされるご祭神から、起業や家業を起こすとき、仕事や家庭を繁昌させたいときに参ると、よき道が開けるご神徳をいただける。

沖宮《おきのぐう》　沖縄県那覇市

創建❖不詳

ご祭神❖天受久女龍宮王御神《てんじゅくめりゅうぐうおうおんかみ》（天照大御神）、天龍大御神《てんりゅうおおみかみ》、天久《あまく》臣乙女王御神《しんおとめおうおんかみ》、熊野三神

ニライカナイ（海の彼方）から天照大御神がいらして琉球を明るくしてくれるというご神徳から、会社や家庭を明るくし事業、生業の繁栄も得られる。

普天満宮《ふてんまぐう》　沖縄県宜野湾市

創建❖不詳

ご祭神❖熊野権現《くまのごんげん》、琉球古神道神

古代に琉球古神道を祀ったことに始まった神社。15世紀中頃に熊野権現を合祀したことから、大きな組織での活躍と援助が必要なときに参拝すると、ご神徳を得られる。

第三章

神さまに必ず願いが届く参拝マナー

神さまに願いを聞き入れていただくために、
神さまに愛される生き方と
参拝マナーを身につけましょう。

西邑さんからどの神社に行けば今の願いが叶うか教えてもらったから次は大丈夫ね！
私も昇進間違いなしね！
キャリアアップ～
いいえ
行く神社が決まっただけではまだ願いは届きません
チッチッチ
えー まだあるのぉー!?
がっくし
はい 神さまに好かれる存在にならなければいけないんです
どういうこと？
あなたのおかげです
うれしいです
アハハハ
いつもありがとうございます
たとえば いつも自分のことを慕ってくれる素直な人と いつもえらそうにしている人の どちらを助けたいと思いますか？
もちろん助けられるよな？

そりゃ
もちろん
慕ってくれる
人よね
コクリ
はい
そうですよね
神さまだって
同じなんです
そうであるとうれしい
だから
願いを聞き入れて
もらいたいなら
神さまに好かれるような
人にならなければ
なりません
ニコニコ
また参拝するときの
マナーを守ることも大切
ハデな格好をしたり
ため口をきいたり……
マジ
叶えてよー
私じゃん…
上から目線で
頼むなんて
もってのほかですよ

いいかげん昇進させろ
まだかよ
いつだよ
なんだそりゃ
私も……
今まで悪いことばかりしてきた気がする……
そしてご利益をもらおうと思わない心も大切です
心をキレイにね
え～！ だって確実にご利益をもらうためにって言ってたじゃないですか⁉
ひどい…
そうなんですがちょっと違うんですね
〝くれくれご利益、早くご利益〟とご利益ばかりのよこしまな考えの人には何もあげたくなくなりますよね
くれ
くれ
くれくれくれく
れくれくれく
くれ
れく
くれく
のどから手が出るほど～

そもそもご利益というのは
タン
誰かのために尽くしたり
大丈夫ですか?
ありがとう
世の中のためになろうという気持ちのある人がもらうご褒美なんです!
私たち……がんばって変わろうと思います……!
反省…
その想いが大事だと思いますよ
二人とも気づいてくれましたね…
今度こそっ
ホッ
人のために尽くして金持ちと結婚します
世のためになることをしてあの人より先に昇進します
あともう一歩かな…?
くれくれくれくれくれくれくれ〜

神さまに好かれる人ってどんな人？

❖我が強い人は神さまとつながれない！

神さまに好かれる人とは、ひとことでいうと、素直で謙虚な人です。謙虚な心、謙虚な姿勢を持ち、誠の祈りを捧げられる人、素直な心で、まずは自分のことより友達や知人の幸せを祈ることができる人。こういう人は「神さまとつながりやすい人」です。

一方、**神さまに嫌われる人とは、自分のお願いばかりで周りに関心がない人**。つまり、「自分が誰よりも一番！大切なのは自分だ！」という「我《が》」が強い人です。

神社の正殿に行くと必ずピカピカの鏡が置いてありますね。その「かがみ」という字の「が（我）」を取るとどうなりますか？「かがみ」↓「かみ（神）」になりますね。つまり「我」を強くしていては、神は現れてくれないのです。

神さまというのは、人間の上下など考えずに、誰にでも公平に願いを叶えてくれますが、その人の神に向かう行動や心の違いで、願いや祈りが届くかどうかは大きく変わってしまうのです。神さまとは、我のない、常に世のため、人のために働いておられる存在ですから、私たちもそういう気持ちを持って、みんなの幸せ、日本の平和、世界の平和を考えて、神のお役に立つように生きることが大切なのです。

❖確信力を持つ人は自信がある人

神さまは「自分ならできる！」という強い確信力を持っている人が好きです。確信力を持っている人とは、自分の願いを実現するためにどうすべきかがわかり、自分の力、そして神の力を信じている人。すなわち、自分に自信がある人です。**自信があるから神さまが力を貸すことができる**のです。

確信力を持っている人は、他人を陥れたり、自分さえよければといったような「よこしまな祈り」はしません。「御魂《みたま》」が強いので、（他者からの）邪と魔が入る隙がありません。そのような人は、神さまも応援しやすいのです。

では、確信力を持つにはどうしたらいいかというと、神社に行くことです。自信がない人は魂が痩せている人ですから、飲食や遊興にふけるよりも、神社に行くのが一番！　神社で魂のエネルギーチャージをすると、少しずつ自信が湧いてきます。

神社の**神さまにお願いをするときは「信じる心」を強く持ちましょう。**そのことで、お願いや祈りはいっそう届きやすくなるのです。

神さまからの援助を受けやすい人になるには？

❖徳を積むと得をする!?

「困ったときの神頼み」といわれるように、困った事態になったときに、神社にお願いに行く人も多いと思います。

神社の神さまは、それはそれで頼ってきてもらうことはうれしいのですが、常日頃から神社に参拝してもらえれば、もっとうれしいのです。

よくお正月に神社に参拝することを「初詣」といいますが、「初詣」の「初」とは日頃神社に参拝している人が、正月になって、その年「初めて」神社に参拝するから「初詣」と言うのです。普段は神社に足を運ばないのに、お正月だけ神社を参拝することは「たまに詣」と言った方がよいかもしれませんね（笑）。

では、どんな人が神さまからの援助を受けやすいのでしょうか？

それは、**「親孝行」な人**です。なぜ親孝行をすると神さまに好かれるのかというと、一章でも述べた「親は祖に基づき、祖は神に基づく」という言葉（P.32）が表すように、親は祖先に近いから親孝行すると祖先に喜ばれ、祖先は神さまに近いから祖先を大切にすると神さまに喜ばれるのです。すなわち、皆さんよりも親は祖先に近く、祖先に近い親は皆さんよりも神さまに近いということ。

だから、**親を大切にするという「徳」を積むと、神さまから「徳（＝得）」という形で自分に帰ってくる**のです。

親を大切にする以外にも、簡単に徳を積める方法があります。

それは、どれだけ疲れていても、電車やバスの中で人生の大先輩に席を譲ること、誰も見ていなくても道に落ちているゴミを拾うこと、人が散らかしたところも片づけること、困っている人を見かけたら助けてあげること、恵まれない人に寄付をすること、トイレをキレイに使い汚れていたら掃除をすること、水道の蛇口は使ったあとはキレイにふくこと、お店を出るときは座っていた椅子を元の通りに戻すこと、自分の子どもも他人の子どもも正しい道に導くことなどです。

日常生活の中でも、「徳」を積む方法はいくらでも転がっているのですね。

徳は積めば積むほど良いものです。こうして、徳を積む生き方をしていると、結果として、「得」をするようになるのです！

「あの神社にお参りに行こう」と思ったときから参拝は始まる

❖神の世界は礼と儀の世界

神さまはふだん「神界」という神さまの世界にいらっしゃいますが、そこは時間と空間を超越する世界なので、私たちが「神さま～♡」と思った瞬間から、神さまとのご縁はつながり始めます。

つまり、開運を願って「あの神社にお参りに行こう」と思った瞬間からお参りが始まっていると考えてください。と言いますのも、**神さまは、私たちが神社に参拝させていただく朝、玄関を出たときから、参拝して家に戻るまで、私たちの姿勢をちゃんと見ておられる**からです。

だから、たとえば神社では「神さま、どうか素敵な彼氏ができますように」と真剣に祈ったにもかかわらず、その帰り道に、目の前にあるゴミに見て見ぬふりをしたりすると、「一生懸命お願いしたのは、口だけだったのですね」と、その姿勢に神さまはがっかりされてしまい、願いも叶いづらくなってしまうのです。

神さまの世界は、「礼」と「儀」の世界ですから、玄関を出てから家に帰るまで気を引き締めて参拝しましょう。

神さまは、いつでも見ていらっしゃるのですよ。

❖参拝やお祭りの前は、四つ足の動物は食べない

神宮や神社で大祭があると、神職たちは長くて一か月前、最短で一日前には肉食を一切断つようになります。これを潔斎《けっさい》と言い、潔斎の期間が長ければ長いほど神さまへの敬神の念がきわまると言われています。肉食をすると俗に近い心になるため、肉食をしないで清浄なる身体を保ち、神事に向かうのです。

また、神道では四つ足の動物を禁忌《きんき》ととらえると同時に、肉食は「死」と「血」を意味することから、それらを不浄としてきたという経緯もあるようです。

そのことから、神さまとのつながりを考えると、**肉食をしている人よりも菜食をしている人のほうが神さまと感応しやすくなる**と言われています。

もし、神さまとつながりたい、願いを届けたいと思っておられるなら、正式参拝の三日くらい前から肉食を断ってみてください。

ちなみに、魚、卵類は大丈夫ですよ！

正式参拝のときの服装とは？

❖参拝時の服装は、神さまに対する心の表れ

神社の世界＝神道の世界は、礼と儀の世界です。つまり、神さまへの心の表れが、神社に参拝するときの服装にも反映されるというわけです。

昔の武士は、夏の暑いときでも羽織を着て登城し、神さまのいらっしゃる神社に詣でるときにも、必ず羽織を着用しました。礼と儀を重んじた武士だからこそ、その心の表れ（＝神さまに対する誠の心）が服装に反映されていたのです。

クールビズがちまたで広まっている現代にあっても、伊勢の神宮の御垣内《みかき》に参拝させていただくときの男性の正装とは、黒の紋付き羽織袴またはモーニング、女性は黒の紋付着物またはロープドレスに洋扇を携帯することになっています。ただ、そこまでそろえることもできないので、一般には、**上下とも揃いの色（黒または濃紺。柄物や派手な色合いのものは不可）のスーツ、男性は無地のネクタイを着用。女性は男性にならった服装。肌の露出が多いもの、タートルネック、セーター、靴はハイヒール・**

ブーツ・サンダル・運動靴は不可となっています。どの神社においても、正式参拝の際は、これにならうとよいでしょう。

ちなみに、２０１３年に安倍晋三首相が伊勢の御垣内を参拝したときは、モーニング姿でした。また官僚が参拝するときもモーニングと決まっています。日本の神社界の最高峰と言われる伊勢の神宮に参拝させていただくということは、それほど畏れ多く素晴らしいことなのです。

これぞまさしく神宮古来からの「左《さ》左《さ》右《う》右《う》」（時代が変わっても左にあった物は左、右の物は右に置く）という精神を大切にしている証拠。私たち日本人にとって、時代が変わっても決して変えてはいけない大切な精神が引き継がれているのですね。

正式参拝の服装
スーツ
ひざ下のスカート
無地のネクタイ
パンプスか低めのヒール
革ぐつ
神社参拝の服装
ジャケット
カーディガン
普段着でも羽織物があればOK！
これはNG！
肌が出ているような洋服や太ぶりのアクセサリーは神さまに対して失礼です
ウッフン

神社で実践したい正しい作法

❖参道は五感を使って歩く

ここからは神社に到着してからの参拝法をお伝えします。

神社に到着したら、まず一番最初の鳥居（一の鳥居）の手前で神さまにご挨拶します。腰を軽く曲げて60度ほどの一礼をして**「本日は参拝させていただきます。よろしくお願いいたします」と声に出しましょう。**神さまであっても、心の声は届きにくいのです。ただし、周りに聞こえないくらいの微音で。

本殿に着くまでにいくつかの鳥居をくぐる場合は、くぐるごとに一礼をしてください。礼と儀の世界が神さまの世界だからです。しすぎるくらいの礼節が重要なのです。

鳥居をくぐったら、そこは参道です。**参道とは、神さまが歩く道ですから、中央は歩かず、右端か左端を歩きます。**無駄なお話などはせずに、風を感じたり、木々の香りをかいだり、古くからあるご神木すべてに神々が宿っているんだなぁなど、五感を使って歩きましょう。歩み進めるほど感性が研ぎ澄まされてきます。

鳥居をくぐると手水舎《ちょうずや》があるので、そこで勺《ひしゃく》に水をくみ、一杯の水で次の動作をすべてこなします。まず、勺を右手に持ち左手を洗います。次に勺を左手に持ち替えて右手を洗います。左手で受けた水で口をすすぎ、手で口元を隠しながら水を吐き出したら、勺に残った水で勺の柄を立てて洗い流します（左のイラスト参照）。

参道の端を歩いて拝殿まできたら、賽銭箱《さいせんばこ》の前に立ち、鈴があれば鈴を鳴らします。そして、賽銭箱にお賽銭を入れます。

このとき賽銭箱にお金を投げ入れてはいけません。神さまに対して大変失礼な行為

手水の作法
左手、右手の順に清めます
①まず、勺を右手に持ち
左手を洗います
左
②次に勺を左手に持ち替えて
右手を洗います
右
③残った水を左手で受け
その水で口をすすぎます
④勺に少し残った水で
勺の柄をたてて洗い流します
立てる

です。**お賽銭はできれば封筒やポチ袋に入れて、すべらせるように賽銭箱の中に入れましょう。**お賽銭の額は、願いと自分の身の丈に合った額でお願いします。

つぎに、腰を90度に曲げて二礼、二拍手（手をあわせたとき、右手が左手の指から一関節下がるようにします）、続いて、手をあわせます。

そして、**「〇〇神社の大神《おおかみ》（ご祭神名）、守り給《たま》へ、幸《さち》はへ給へ」と祝詞《のりと》を1～3回**唱えます。この短い祝詞は神さまにお願いするときの最初のご挨拶と考えてください。**誰にお願いさせていただくのか、その神さまのお名前を最初に言ったほうが通じやすくなる**のです。神さまのお名前（祭神名）がどうしてもわからなければ、その神社の名前を言えば大丈夫です。たとえば、神田神社なら「神田神社の大神」でいいのです。神さまは皆さんの現在も過去も未来もお見通しなので、正しいご神名がわからなくても、「その神社の神さま～」と言えば、何を言いたいかおわかりになります。この祝詞は、たいてい賽銭箱の前に書いてありますので、見ながらでも大丈夫です。

次に、微音で**自分の住所・生年月日・名前を述べ、国の平和と安定を祈り、友人や知人など周りの人の幸せを祈ります。**最後に自分の祈りを捧げましょう。

祈り終わったら、あわせた両手を元に戻します。終わりに、感謝をこめて一礼（腰を90度に曲げる）して下がります。

再び参道を歩いて鳥居を出たら、もう一度、ご社殿にいらっしゃる神さまに向かい、感謝を込めて一礼しましょう（このときは、腰を軽く60度ほど曲げる）。

以上がふだんの参拝方法ですが、もし時間と初穂料《はつほりょう》を出せる余裕があれば、正式参拝（昇殿参拝）をおすすめします。

正式参拝のときの祈願内容は、神社によって違いはありますが、祈禱申込用紙から選べるようになっているので、いま解決したいことに近い事例（開運招福・厄難消除・商売繁盛、病気平癒など）からお申し込みください。もし、どれを選ぶかわからないときは、**オールマイティな願意＝「心願成就」**を選ぶのがいいでしょう。

小銭はポチ袋などに入れて
お札は封筒やのし袋に入れて
お賽銭の投げ入れは禁止
賽銭
封筒やポチ袋などがない場合はお金をそっと賽銭箱にすべりこませる

ご利益がいただける お賽銭の額とは？

❖お賽銭は浄く尊いお金

「ご神徳を期待するなら、お賽銭は多いほうがいい」という考え方もありますが、その前に、まずお賽銭の意味を考えてみましょう。

神社では、お賽銭を参拝者や崇敬者からありがたくいただく「浄財《じょうざい》」と考え、浄《きよ》く、尊い価値のあるお金と考えています。そして、これらのお賽銭は、毎日変わりなく神さまの神前にお供えさせていただくお供え物（ご神饌《しんせん》）や、神さまが降りてきやすくするために日々掃除をし、清々しい状態に保つための神職の労働費、皆さんが安全に参拝しやすいように神社の保全や修復、改築などのために使われます。

つまり、**お賽銭＝初穂料＝祈禱料が神さまへのご神饌となり、神社のためとなり、ひいては日本のためとなる**と考えると、神社に納めさせていただくそのお賽銭＝初穂料＝祈禱料の額も誠の表れとなります。その誠の表れが、後からご神徳に結びつくということが自然に考えられますね。ですから、貯金が何千万円もあるのに百円しか出さないようでは、残念ながらご利益には結びつかない可能性が大。

一方、給料日まであと千円で過ごさなければならない状況の中、百円を出したら、その百円は神さまから見て、貴いものとなるのです。

❖初穂料は神さまへの手土産

誰かの家にお邪魔するときは、手土産の一つも持っていきますよね。神社も神さまの家です。そして、神さまの家にお邪魔するときの手土産が「初穂料」になります。

正式参拝の場合、ご祈願のご祈禱を申込みますが、たいていの場合、申込用紙には五千円以上と書いてあります（それぞれの神社で祈禱料は違います）。法人で申し込む場合は、二万円〜三万円以上です。

初穂料（祈禱料）は、お願いすることの大きさに見合った額で、現在のご自分の生活にも見合った額をおすすめします。

少なすぎても、多すぎてもよろしくないのです。強いて言えば、**少し無理するくらいの初穂料が誠の祈りの力に増強されます。**

正式にはのし袋に初穂料を入れて、神社の社務所で神職さん、または巫女さんにお渡しください。

神さまに届くお願いのしかたとは？

❖願いを叶えたいときは小声でも口に出す

神社によっては、「お願い事はそれぞれ心の中でお祈りください」と言われることが多いと思います。

でも、言葉は「言霊《ことだま》」と言われるように、日本人の持つ言語には霊的な力が宿ると信じられていますから、**神さまに聞こえるように、口に出して言霊にしてお伝えさせていただくほうが、神さまに通じやすいし、自分にも言い聞かせられる**と思うのです。

ただし、現代では、静かに祈っている人に耳障りだとか、周りに迷惑をかけるなどということがありますから、控えめに小さい声でお祈りさせていただければ、かまいません。

言葉には霊魂が宿っていますから、決してよこしまな祈り、ネガティブな祈りはしないで、前向きで、進歩的で、発展性のある願いをお祈りさせていただきましょうね。言霊はよくも悪くも形になるのです。

❖参拝ごとにおみくじをひこう

神社を参拝した後、おみくじをひかれる方も多いでしょう。**おみくじはまさしく神さまからのメッセージです。**特に、おみくじに書かれている和歌を読んでください。**参拝した後にひかせていただくおみくじの和歌には、そのときどきのタイミングに合った神さまからのふさわしいメッセージが書かれている**からです。これが重要で、吉とか凶とかをあまり気にすることはないのです。

おみくじは初詣のときだけしかひかないという方もいますが、何度も繰り返すように、神社参拝後に神さまからいただけるその時々にふさわしいメッセージなので、その時の心境や状況や環境によって、皆さんにふさわしい新たなメッセージをいただけるありがたいものなのです。おみくじが「凶」だった場合は、その神社のおみくじを結ぶ指定の箇所に結んでください。最近は、「おみくじで凶が出た場合はこちらにお結びください」と書かれてある神社も多いようです。よくないことは自宅に持ち帰らず、社寺で浄化して処分してくれると考えましょう。

凶以外は自宅に持ち帰り、おみくじに日付を書いておくとベスト。そのときどきの心境と変化がわかったりして、自分自身を再確認することができます。

正しい参拝法でお願いをしても叶わないときは？

❖神さまは先のことまでお見通し！

正しい参拝法で祈りを捧げてきたのに願いが叶わない場合、それには必ず理由があります。自分が今までこの世でしてきたこと、親や先祖がしてきたことなどがその原因になっていたりすることがあるのです。

その場合は、**とにかく徳を積む**こと。

徳の積み方は111ページにあげた通りですが、徳を積むことで、悪い気が祓《はら》われ、徳(得)をする人生に好転できるからです。

また、たとえば「○○くんと結婚できますように」などとお願いしたのに、その人ではない人と新たに出会い、結婚することもあります。これは神さまが願いを叶えてくれなかったのではなく、その人にとって将来的に不幸になる相手であれば、別のふさわしい人を用意して会わせたりするのです。

要するに神さまは先のことまで、すべてお見通しなのです！

❖契約は判を押すまで口に出さない

「神さまにお願いしたA社との大きな取引が間もなく実を結びそう」というような状況になったら、どんなに嬉しくても、判を押すまで口に出してはいけません。**「うらやましい」「なんであいつが……」という嫉妬（妬《ねた》み、嫉《そね》み）の念によって契約破断になることがある**からです。生きている人間の念ほど恐ろしいものはないのです。

現代の私たちよりも遥かに霊格の高かった平安時代の人は、生きている人の念（生《いき》霊《りょう》による執念や妄念）に悩まされ、陰陽道を使い生霊を祓う陰陽師を国家公務員として誕生させたくらいです。平成の世になった今、人々の霊力は劣ってしまったようですが、人の念はいまだ現存しています。実は、平成23年の東日本大震災以降、日本人の魂が物質から精神性の方へ移行しつつあります。そのため、いいことも悪いことも人の念が大きな影響を与えるようになってきているのです。

ですから、**進行中のこと、交渉中のことは、お互い納得して判を押すまでは口外しないように。**もちろん、自分からマイナスの念を出すと自分に帰ってきてしまいますから、人の成功を喜べるような器の大きい人間を目指しましょう。

婚姻届も、皆さんにとって、大事な大事な「契約書」ですよ〜。

神さまだってお願いがある！

❖神さまの視点に立ってものを考えると……

神社の神さまに参拝をするとき、「自分はこうしたい。こうしてくれ。こうなりたい」といったお願いはしますが、「神さまのお願いってなんだろう？」と考えたことはありますか？

私たち人間が神さまにいろいろなお願いがあるように、神さまだって人間に対して**自分中心でなくもっと世のため人のために尽くしてほしい**といったお願いがあるのです。私たち人間は、目の前のことに囚われると、その先にある大切なもの、重要なものを見失いがちになってしまいます。そんなときこそ、神さまの視点になって、人間世界や日本、世界、そして地球のことを考えてみましょう。

神さまは、世界から、地球から、戦争、略奪、殺戮《さつりく》などが消滅し、平和な世の中にするという崇高な理念をもっておられます。こうして神さまのお気持ちを理解することができるようになると、個人的な悩み事はちっぽけなことに思えてきます。こんな小さなことにかかわるのではなく、もっと世のため、人のためになろうと思う気持ちが湧いてきます。

すると、運が開けてくるのです！ 日本が世界のお手本になるような素晴らしい国になるように、そして世界が平和になるように考えてみましょう。

❖ 自分自身が神柱になる！

神さまの立場になってものを考えられるようになるということは、自分のことだけではなく、友人、知人、親戚、家族の幸せを願い、困っている人を救いたい、国の難を救いたいと思うことにつながります。

一章で、神職とは神さまとつながる「神柱《かんばしら》」であると言いましたが、**神さまの視点に立てるようになれば、自分自身が神柱になることが可能**です。

神がかり的なことを成し遂げる人たちは、まさにその人自身が神柱です。自分自身が神柱になることが、最高の依《よ》り代《しろ》(神さまが降りてくるところ)となるのです。

一人でも多くの人が、神柱になることができれば、世の中は平和になるはずです。この本を手にとったあなたも、そんな神柱の一人となれるように、素直で誠実な生き方を心がけてくださいね。

コラム　祝日・祭日は、神さまと深いかかわりが！

私たちの国の暦《こよみ》の祝日・祭日は、もともとは神道の行事（神事）でした。それらは特に、皇室（宮中）で行われていた、神さまや皇室の祖先霊への祭事と行事がベースになっています。現在の祝祭日の由来を知って、日本人の生活そのものが神事であることを感じてください。ここでは、代表的なものをあげました。

1月3日　**正月↓由来…元始祭《げんしさい》**
宮中の祭祀の一つで、宮中にある三つの神殿で早朝5時30分に天皇陛下が自ら行う天皇の皇位を祝う儀式。

2月11日　**建国記念日↓由来…紀元節《きげんせつ》**
『日本書紀』で、初代天皇　神武天皇がご即位なされた日なので、日本建国としている。

3月21日　**春分の日↓由来…春季皇霊祭《しゅんきこうれいさい》**
歴代の天皇・皇后・皇祖の霊を祀る儀式で、宮中祭祀の一つ。

4月29日　**昭和の日↓由来…天長節《てんちょうせつ》**
昭和天皇の誕生日。昭和を振り返る日。

9月23日　**秋分の日↓由来…秋季皇霊祭《しゅうきこうれいさい》**
歴代の天皇・皇后・皇祖の霊を祀る儀式で、宮中祭祀の一つ。

11月3日　**文化の日↓由来…明治節《めいじせつ》**
昭和2年帝国議会の要請で、明治天皇の誕生日11月3日が明治節に定められた。

11月23日　**勤労感謝の日↓由来…新嘗祭《にいなめさい》**
宮中祭祀の一つで、日本で一番重要なお祭り。天皇陛下が神嘉殿《しんかでん》で宵と暁の二度、天照大御神・天神地祇に新穀、神膳を供え、豊穣を祈る。

12月23日　**天皇誕生日↓由来…天長節**
現在の天皇陛下の御誕生日を、国民の皆で祝う日。

第四章

神社のいろは

神さまをお祀りする神社は、
私たちの知らないことがいっぱい！
そこで、今さら聞けない
神社のあれこれをお教えします。

ねぇ〜最近飲み会で出会ったイケメン君からメールもらっちゃった！
マナーを守って神社参拝しています
私も！　会社でプロジェクトリーダーに抜てきされたの！
ランラン
え〜　やったね!!
それはよかったです
西邑さん!!
もしかして神さまに願いが届き始めたのかなぁ〜
今までお伝えしたことを守ればどんどん願いが叶っていきますよ
キラーン
最後に神社をもっと深く知るために神社にまつわるさまざまなことをお話しします
守
祭

確かに神社って
よくわからないことが
たくさんあるし……
勉強になるね
実はノートにいろいろと
まとめてあるんだけど
質問していいかしら
サッ
もちろん！
いい心がけ
ですね
質問1
参道にある小さな神社（摂社 末社）について
Q1
本殿と小さな
神社の関係は？
A：本殿のご祭神の
親神、姫神、御子神、
一緒に働いた神
などが祀られています
ご祭神の功績に
協力した神さまも
その対象ですね
Q2
摂社《せっしゃ》、末社《まっしゃ》にも
参拝したほうが
いい？
A：はい
お賽銭《さいせん》も
あげましょう
お賽銭はその神社の
ご祭神のお供え物や
摂社、末社の改築・
修復などに使われます

質問2 神社の狛犬について

Q1 神社にはなぜ狛犬《こまいぬ》がいるの？

A. 狛犬は魔除けの意味があり宮中に置かれていましたが、後に神社にも置かれるようになりました

中国が唐の時代に日本に伝わりました

Q2 必ず対になっているのはなぜ？

A. 口を開けた「阿《あ》」と口を閉じた「吽《うん》」は呼吸を表し宇宙の始まりと終わりを意味するといわれています

ツノあり直毛
ツノなし巻き毛
左（狛犬）
右（獅子）

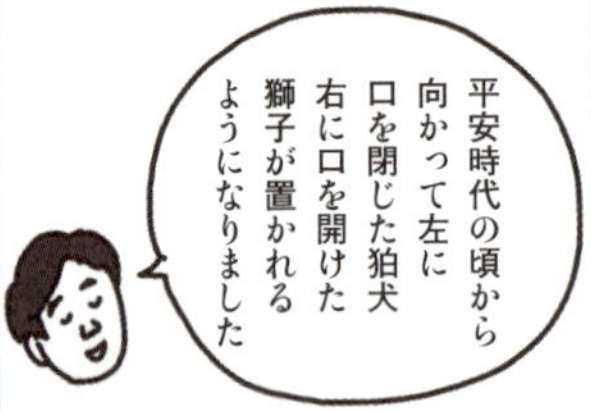
平安時代の頃から向かって左に口を閉じた狛犬右に口を開けた獅子が置かれるようになりました

まだまだわからないことばかりで……
当然だと思います
昔の人は祖父母から神社のことを日常的に聞いていました
でも今は昔と違い教えてくれる人が少なくなっていますからね……
神社とは…
参拝では…

私の実家では
神棚に神札を
置けたんだけど……
今のアパートでは
神棚なんて作れない
しなぁ〜
打ちつけNG!!
そうですよね
今は昔と違って
生活様式が
変わってきて
いますから……
詳しく説明します!
でも大丈夫!
今風に神さまを
お祀りできる方法も
ありますよ
もしかして……
西邑さんって
神さまですか!?
感動の嵐!!
……
いや
人間
ですよ…
まだまだ
未熟者ですから…
END♡

神社の不思議

神社の起源はいつ？

神社の起源については定説がありません。ただ、「神道」のはじまりはいつか、と言われれば、天地自然の恵み（神々）を祈って、稲作の始まった時代（紀元前2600年頃）という説があります。

さらには一万数千年前にさかのぼり、土偶や石棒などを使って、祖霊崇拝や季節の移り変わりを知らせる「環状列石《かんじょうれっせき》」などの施設がつくられていた頃が、神社の起源という説もあります（環状列石は、東北から北海道にかけて多数発見されています）。

日本にも遥か昔からそのような歴史があったと思うと、誇らしい気分になりますね。

神社は移動式だった！

さて、いまのような社殿をかまえるようになったのは、いつの話かというと、朝廷が国を統一しはじめた頃から。

それまでは、**神社は定位置がなく移動式**でした。祭祀を執り行うとき、雨乞いのとき、病気の治癒を願うときなど、諸問題が起こるたびに社《やしろ》を組んで、神の依《よ》り代《しろ》である神籬《ひもろぎ》や磐《いわ》座《くら》に、神を降ろす神事を執り行いました。神事が終わり、神が神界へ昇神《しょうしん》されると、役目を終えた社は取り壊されていたのです。

その後、大和朝廷が国を一つにまとめあげるようになった頃から、社殿が作られるようになりました。創建された理由はさまざまですが、当時は、疫病がはやったり、天災、災害などに見舞われたりなど不運が続くと、天皇はそれらを解決してくれる専門分野の神さまを神社に祀ることで、あらゆる問題を乗り越えようとしたのです。

　国難を神通力《じんつうりき》で乗り越えようとした昔の人たちは、目に見えない力を感じていたのでしょう。歴史的背景を知った上で参拝すると、また新たな感動を得られますね。

神籬《ひもろぎ》

摂社・末社が祀られている意味

神社に行くと、本殿とは別に、境内の中や参道の脇などに小さなお社《やしろ》がありますが、そのお社のことを摂社《せっしゃ》、末社《まっしゃ》と言います。

　神社では主体となる神さまを「主祭神」としてお祀りしていますが、**主祭神に関係する神を祀った神社を摂社、末社とした**のです。

　伊勢の神宮や京都の石清水八幡宮などでは、ご祭神と関係が深く、御正宮についで尊いお社を「別宮《べつぐう》」と称して祀り、摂社・末社とは区分しています。

　摂社、末社の神さまは、主祭神の親神や御子神であったり、主祭神の荒魂《あらみたま》であったり、その土地に祀られていた神さまだったりすることが多いようです。

　摂社、末社の神さまが本殿のご祭神の荒魂やご祭神の親神などであれば、さらなるご神力を得られるので、参拝をおすすめします。

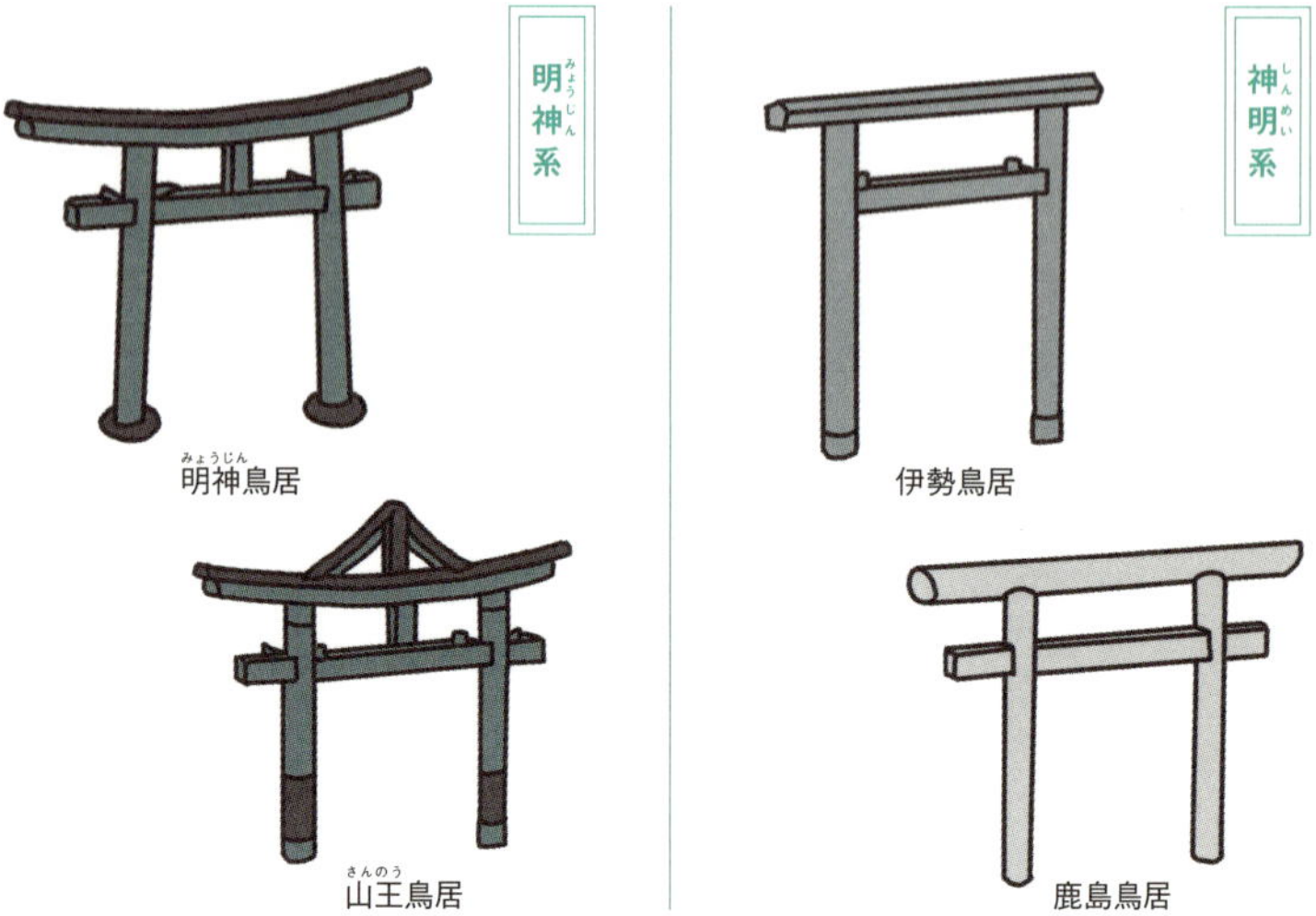

神社の鳥居はいろいろ

神社の入り口に鳥居があるのは、神社に「通り入る」が転じて「とりい」になったという説や、エネルギーのある土地には動物、特に鳥が居つくということから「鳥居」になったという説、また、俗世界と神聖なる世界との「結界の境の目印」として建てられたなど、諸説があります。いずれにしても、鳥居から神さまがいらっしゃる神域に入ったとたんに神聖さを感じるのは、やはり神社の持つよいエネルギーのおかげでしょう。

ちなみに、**鳥居は、神明系《しんめい》と明神系《みょうじん》の二つに大別**されます。神明系は横木が一直線になった形、明神系は横木に反りが見られるなど少し装飾された形。

これらは、神社に祀られている神さまによって形が決まっています。神社に参拝されるときは、鳥居の形にも注目してみましょう。

大社造《たいしゃづくり》

神明造《しんめいづくり》

神さまによって異なる建築様式

神社の神殿はさまざまな形がありますが、実は、神さまによって神社の建築様式は異なっています。

代表的な建築様式としては、**伊勢の神宮の神さま系統が祀られている「神明造《しんめいづくり》」、出雲の大社の神さま系統が祀られている「大社《たいしゃ》造《づくり》」の二つ。**

神明造は、屋根と平行な面が正面になる「平入り」構造で、大社造は屋根が三角に見えるほうが正面になる「妻入り」構造です。

他にも、住吉大社の「住吉造」、上賀茂、下鴨神社の「流造《ながれづくり》」、宇佐神宮、石清水八幡宮の「八幡造」、日吉《ひえ》大社の「日吉造《ひえづくり》」などがあります。

神社に行ったら、神さまの系統による建築様式の違いを眺めるのも、歴史を感じられて、またいいものです。

神さまの使いとは？

神社にはご眷属《けんぞく》という神さまのお使い（神《しん》使《し》）がいます。神社の主祭神に代わって願いを叶えるために、実際に働いてくださっています。神社に入ると本殿の両脇にいる狛犬や獅子など、それがご眷属です。

132ページのマンガでもお話ししたように、狛犬は、もともと魔除けの意味を持って宮中に置かれていました。それがのちに、神社でも使われるようになりました。

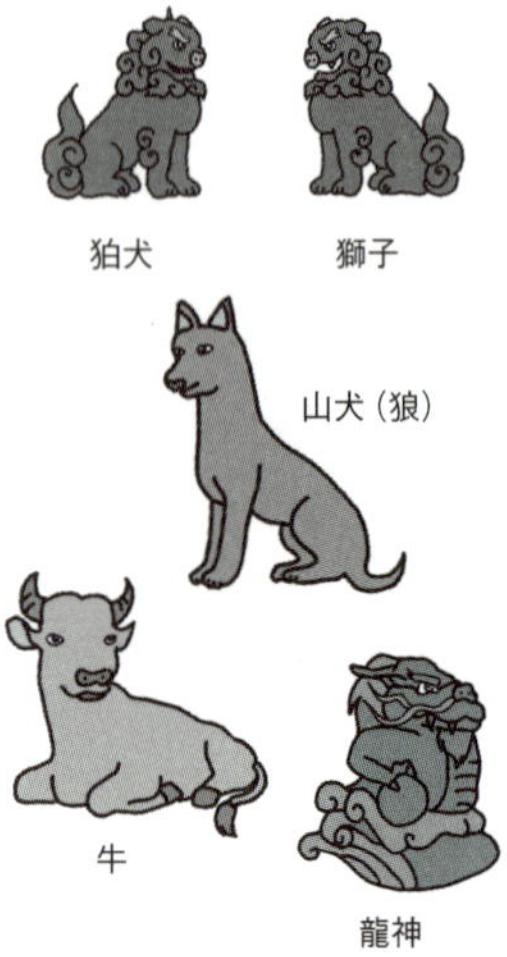

ちなみに、ご眷属の種類は、神さまによって決まっています。たとえば素戔嗚尊《すさのおのみこと》のような荒々しい神さまがいる神社には龍神、菅原道真をお祀りする天満宮は牛、御嶽《みたけ》神社や三《み》峯《みね》神社は山犬（狼）です。

この**ご眷属（神使）の多さや働きが、ご神徳にもつながってくる**のです。

三種の神器とは？

「三種の神器」とは、天照大御神《あまてらすおおみかみ》から天孫降臨をした瓊瓊杵尊《ににぎのみこと》に授けられた三種類の宝物のことで、**八咫鏡《やたのかがみ》、八尺瓊勾玉《やさかにのまがたま》、天叢雲剣《あめのむらくものつるぎ》（草薙剣《くさなぎのつるぎ》）のこと**です。

「三種の神器」は、初代神武天皇から代々の天皇によって継承され、宮中内で祀られてきました。しかし第10代崇神天皇のとき、八咫鏡は、天照大御神からの「吾を祀るが如く祀れ」とのご神勅《しんちょく》により、伊勢の神宮の皇大神宮《こうたいじんぐう》（内宮）の御正宮に祀られることになりました。八咫鏡は、皇室にとって、日本にとって重要なご神体でもあります。

また、天叢雲剣は素戔嗚尊《すさのおのみこと》が八岐大蛇《やまたのおろち》を退治したときに大蛇の尾から出て来た剣ですが、時が経ち日本武尊《やまとたけるのみこと》が東国を制圧するときに倭姫命《やまとひめのみこと》から渡されました。12代景行天皇のときに熱田に祀られ、それが現在の熱田神宮に発展していったと伝えられています。

八尺瓊勾玉は、現在も天皇陛下がお持ちになっています。

ご神体の正体

神社にあるご神体とは、神さまの御魂《みたま》が宿っているもののこと。**もともとご神体というと、八咫鏡《やたのかがみ》や天叢雲剣《あめのむらくものつるぎ》のように三種の神器の他、見えないもの、見てはいけないもの（だから何がご神体かが不明）**でした。

仏教色が濃くなる平安、鎌倉時代には仏閣の仏像に対して、神像《しんぞう》がつくられたりもしましたが、ほとんどが、正体不明の目に見えないご神霊やご神体をご祭神として祀っていました。三種の神器の御鏡は、非常に大切なご神体で、外からは見ることができないように御扉の中に納められています。

普通の神社の本殿に置かれている**外から見える鏡は、ご神体が入っている御扉の前に、魔除けとしておかれていることがほとんど。**

また、ご神前にある鏡は、参拝している己の姿は清浄なのかを見て、現在の自分を見つめる・見つめ直すという役割や、祈るときにご神前の鏡に映る自分を見て、神とあなた（人）は一体なんですよ、ということに気づくという意味もあります。

ご神体は鏡のほか、剣、玉、石、山、滝などがあります。ちなみに依《よ》り代《しろ》とは、樹木、岩石、柱、榊、御幣《ごへい》などのことで、そこに神霊が降臨し、神霊が宿る場とされます。

神社の格と信仰について

神宮、大社、神社の違いとは？

伊勢の神宮の正式名称は「神宮」です。古代、神宮の社号をつけることができた神社は、伊勢の神宮、鹿島神宮、香取神宮の三社だけ。この三社は、皇室に近く格式も高い神社です。

同じように古代、出雲大社の大社は「おおやしろ」と呼ばれ、大社といえば「出雲大社」のことを指していました。現在、大社とつく神社は出雲系の神さまを祀る神社です。

また「神社」については、江戸時代末期まで、「宮《みや》」や「社《やしろ》」とも呼ばれ、明治時代以降、「神の社」として「神社」という呼び名が定着しました。

神社の祭神信仰

日本全国に約八万社の神社があると言われていますが、実はそれらの神社はある信仰に基づいて分けられています。

そこで、貴族から庶民に至るまで信仰された祭神（氏神）信仰の典型的なものをあげてみました。神社の成り立ちを知ることで、さらに神社巡りが楽しくなることでしょう。

八幡《はちまん》信仰

宇佐八幡宮をはじめとして「八幡信仰」が生まれました。八幡神とは応神天皇（他、神《じん》功皇后《ぐうこうごう》や武内宿禰《たけのうちのすくね》を含めた三神の場合も）のこと。源氏の産土神《うぶすながみ》でもあり、全国の武士から武の神さまとして篤い信仰を集めました。

源頼義は、鎌倉に石清水八幡宮を勧請《かんじょう》し、後に頼朝が現在の地にうつしたのが鶴岡八幡宮です。八幡社は一時、全国に約四万八百社あったといわれています。現在、八幡の神を祀る神社は、約二万四千社あります。

氷川《ひかわ》信仰

関東の国造《くにのみやつこ》となった武蔵氏は、出雲の素戔嗚尊《すさのおのみこと》を氷川神社として祀り、これが「氷川信仰」となりました。氷川信仰の総本山とされるのは、埼玉県にある「氷川神社」で、氷川神社は全国に二百社以上あります。

諏訪《すわ》信仰

平安時代の征夷大将軍・坂上田村麻呂をはじめ、源頼朝、武田信玄などが崇敬し、「諏訪信仰」として定着しました。特に武家からの崇敬は篤く、諏訪の神を祀る神社は、全国に五千五百九十社あります。

熊野《くまの》信仰

神仏習合《しんぶつしゅうごう》（神と仏は一緒だという説）が考えられた平安時代には、熊野が阿弥陀仏（＝素戔嗚尊）のいる現世浄土界と考えられたことから、皇室や貴族、武士、庶民まで、熊野詣が流行り、「蟻《あり》の熊野詣《くまのもうで》」と言われるまでになりました。

熊野の神を祀る熊野神社は全国に約三千社あります。

金毘羅《こんぴら》信仰

日本第一の交通安全の神とされている金毘羅さまは、一生に一度は「金毘羅参り」として、総本山である香川県の金刀比羅宮《ことひらぐう》参りが盛んになりました。

また、江戸時代には、金毘羅参りの旅費を積み立てる「金毘羅講《こんぴらこう》」もつくられるようになりました。金刀比羅宮の神を祀る神社は、全国で約七百社あります。

稲荷《いなり》信仰

朱色の祠《ほこら》で、ビルの屋上、会社の敷地内、民家の庭先など、あちこちに見かけるのはお稲荷さん。もともと農耕神として祀られ、京都伏見稲荷大社とその分社の成立により全国に広まりました。

お稲荷さんにお願いして叶えてもらうと、数倍・数百倍のお礼が必要ですので、お礼参りは必須です。稲荷社は全国に約三万二千社あります。

海神《かいじん》信仰

住吉氏は、伊邪那岐命《いざなぎのみこと》が海で禊《みそぎ》をしたときに産まれた「筒男三神《つつのおさんしん》」を、宗像氏は素戔嗚尊《すさのおのみこと》の刀から生まれた「宗像三女神」のそれぞれの海神を崇敬していました。

住吉系の神さまを祀る神社は、全国に約二千百社、宗像の三女神を祀る神社は、全国に約六千社あります。

本社と分社の関係とは？

神社は総本社とその分社がありますが、たとえば、菅原道真なら「○○天神」という神社に、応神天皇なら「○○八幡宮」というように、お目当ての神さまが祀られている神社に参拝すれば、同じだけの力をいただけるのでしょうか？

もちろん、全国に分布している分社には本社と変わらないご祭神がいらっしゃいます。しかし、厳密に言えば本社に行けばそれなりの格式と霊格のあるご神霊＝ご祭神がいらっしゃるのです。ですから、**専門分野の神さまが祀られている神社を見つけたら、その本社にも足を運ぶのがいい**でしょう。

ただし、まず参拝すべきは産土《うぶすな》神社。あなたを見守ってくれている担当の神さまと仲良くなったうえで、専門分野の神さまがいらっしゃる総本社に参拝すると、産土神さまから

「うちのものがそちらに伺いますのでよろしくお願いします」とつないでくれるようになり、願い事も叶うようになってきます。

神職が果たすべき役割

神職とは、祭式をして神を迎え（降神の儀）、神事を執行し、神に向かい祈り、神を送る（昇神の儀）役割をする人のこと。

神職の基本的な精神は、神さまと人との仲を執《と》り持つこと、（国のため国民のために）神へひたすら祈ること、そして、**もっとも重要なことは神さまへの「ご奉仕（神明奉仕）」**です。

神職になる方の多くは、先祖代々、神職として神に仕えてきた家系の人も多いのですが、本当に神さまが好きで、神職を志す方もいます。神職になるには、神社本庁に認定された大学や養成機関で学び、神職としての免許を取得する必要があります。

ちなみに、神社界のトップに位置する伊勢の神宮に就職できるのは、成績優秀者のみ。一般企業で言えば、東大早慶の優秀者が集まるような狭き門です。

巫女さんは誰でもなれる!?

神社の社務所などで、紅色の緋袴《ひのはかま》と白衣を着てお務めされているのが巫女《みこ》さんです。

巫女の歴史をたどると、**もともと神を降神させるときに、神さまからの神意（神託《しんたく》）を伝えるシャーマンとしての役割**を果たしていました。現在は、神さまと神職と参拝者の間に立って、巫女舞《みこのまい》をしたり、楽器を奏でたりなどの役割もあります。

巫女さんになるには、大学などの神職養成所などに入らなくても、本人の誠意と希望があればなれます。

神さま・神社が
もっと身近になる！

神社のイベント

神社の例大祭について

「例大祭《れいたいさい》」とは「例祭《れいさい》」ともいわれ、その神社の主祭神がお祀りされた日や神社が創建された日などの、ご祭神にちなむ日に行われる祭祀のことです。

例大祭は、その神社で一年に一度のもっとも大きなお祭りだからこそ、普段の数倍の神さまからのご神力をいただける日とも言われています。特に産土神社、そして、崇敬する一之宮神社の例大祭には、ぜひ足を運んでみましょう。

「大祓」は大切な行事

各神社で、6月の晦日《みそか》に行われる「夏越《なごし》の大祓《おおはらえ》」、12月の大晦日《おおみそか》に行われる「師走の大《おお》祓《はらえ》」のことをさして、「大祓《おおはらえ》」と言います。

私たち人間は、知ってつくる罪、知らずのうちにつくってしまう罪とがありますが、それらの**罪をきれいに祓い、心身ともに新たな気持ちになるため、半年ごとにわけて大祓を行う**のです。

大祓は宮中（＝皇居）でも神道行事として執り行われていて、人形《ひとがた》に自分の罪穢れを写し、その人形を海や川に流して罪穢れを流します。また、大祓のときは、茅《かや》、菅《すげ》、薄《すすき》でつくった「茅野輪《ちのわ》」がお目見えする神社も多いのですが、茅野輪をくぐることで、罪や穢れを取り除くと伝えられています。

こうして、大祓は現代でも大切な行事として行われています。

実は、大祓をすることは、罪の穢れを祓うとともに、**自らを振り返ることで、「運をいただきやすい体にしておく」ことにもつながります。**特に「穢れ（＝気枯れ）」を嫌う神道では、普段の生活を清浄なるものにしておくことで、神さまとつながりやすくなり、運をいただけるようになるのです。

茅野輪《ちのわ》

人形《ひとがた》

神輿、山車で魂を活動的にする

一年に一度の例大祭では、氏子《うじこ》たちが神輿《みこし》を担いだり、山車《だし》をひいたりする姿が見られますが、このときに出る**神輿や山車には、ご祭神のご分霊（御魂）が乗せられています。**

通常、荒々しい動きをする神輿は「荒魂《あらみたま》」（P.56）が乗せられるとされていますが、「わっしょい、わっしょい」と威勢のいい声と激しい動きによって、荒魂と、神輿や山車を担ぐ者、神輿や山車に触れ見た者を活動的にさせて、神威を与えるとされています。

ちなみに、神輿を担ぐときのかけ声「わっしょい」は、「輪が一緒になる」という意味からきたとされています。他にも「ほいっさ」などの掛け声もありますが、「ほいっさ」は、禊ぎ祓の前に唄う「天之鳥船《あめのとりふね》」の歌の中にもある言葉からきているとされています。

かけ声にも、意味があるのですね。

祝詞は神さまをたたえる言葉

祝詞《のりと》とは、神さまの御前で唱える古い言葉。正式参拝のときに神職さんが、その神社に祀られている神さまからの御恵みやご加護に感謝し、ご神徳を称え、新たなご加護・恩徳を祈願するという内容になっています。つまり、「神さまのすばらしいお力に感謝します。新たなお願いがあります。いま、神さまの前にいる参拝者を神さまのご神力で守ってください」ということを、神職さんが神さまに伝わりやすい大和言葉で述べてくれているのです。

崇敬会で神さまサポート

各神社にはそれぞれ「崇敬会《すうけいかい》」といって、「その神社を崇敬します」という神社のファンクラブのような会があります。年会費はそれぞれの神社で違いますが、一年間で三千円～五千円程度。会員証をいただけて、特別参拝に無料で招待していただけるなど、お得な待遇があったりします。

よく参拝される神社などがありましたら、入会してみるのもいいですね。

直会で魂をパワーアップ

直会《なおらい》とは、神社のお祭りや参拝の後で、参加者全員で、ご神饌《しんせん》やお神酒《みき》をいただく一種の神事です。**神さまが召し上がった食物（ご神饌）をいただくことで、神さまからの恩頼《みたまのふゆ》（魂を分けてもらうこと）をいただくことができる**、という意味もあります。

また、「直会」は、神事・祭事の後に参加者・参列者同士で「なおりあい」をする、という説も。沈黙した状態で俗なことを一切考えずに参拝に挑んだ後は、通常の状態（生活）に戻すという意味で、みんなで飲食をします。

神さま・神社が
もっと身近になる！

正しい神棚の祀り方

神棚は神さまと接するツール

神さまからより援助を受けやすくなるには、「家に神棚を置く」ことです。

神棚を置けば、自然と神さまに手をあわせる習慣ができるので、その結果「今日一日、しっかりがんばろう」「人に迷惑をかけない生き方をしよう」と、自分を戒めることができるようになります。

一軒家の場合、**神棚は最上階の南向きに作るのがいい**のですが、**一階につくる場合は、二階から神棚を踏みつけない場所につくる**ことが大事。たとえば、トイレや階段の真下などはNGです。一階につくるときは、神棚の上に**「雲」と書いた紙を貼り付けてください。**そうすることで、「ここは雲の上です」と示すことになります。

マンションやアパートなどの共同住宅では、神棚の場所を確保できず困っておられる方も多いと思いますが、今は壁掛け用などの「簡易神棚」も購入できます。なるべく高いところに、粗末にしないようにお祀りして、

徐々に生活に合わせて立派な神棚にしていきましょう。なお、最上階以外の階の方は、神棚の上に「雲」の紙を貼り付けてください。

神社でご祈禱していただいた神札に拝むと、一時的に神札に神さまが降りてこられます。つまり、ご神霊が依《よ》り移る、依《よ》り代《しろ》となるのです。神札とは神さまが移る神籬《ひもろぎ》（P.134）と同じですから、決して粗末にしないように祀ってください。

こうして、家庭内で神さまが落ち着いて降神、昇神できる場所である神棚を設けると、その家が落ち着いて、中心が定まってきます。それと同時に、神棚の周りが明るくなり、邪気を寄せ付けなくなります。

神札の並べ方

神社で正式参拝（昇殿参拝）をしたときにいただいたお札（神札）は、神棚（神棚がなけ

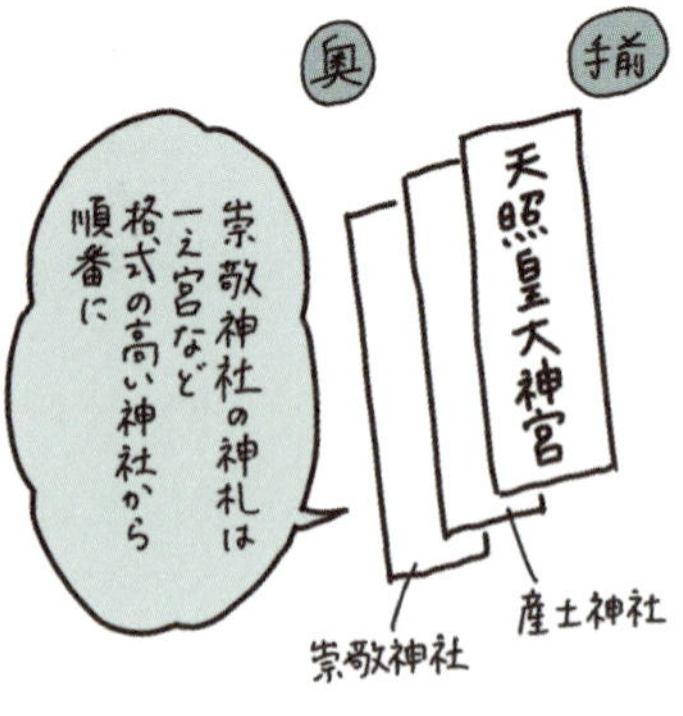

れば清浄な場所）に南向き、次いで東南、または東向きに置きます。

並べ方は、中央に伊勢の神宮のお札（神宮大麻）、向って右側に産土神社の神札を置き、向って左側に自分が崇敬している神社の神札を置きます。いろいろな神社で参拝し、神札が多くなった場合は、崇敬神社として神宮大麻の左側に並べます。

その場合は、**神札と神札の間を一センチほど空けてください。**神さまの世界は礼と儀の世界だからです。ただし、どうしても場所がないときは神札は重ねてもＯＫ。伊勢の神宮のお札を一番前に、二番目に産土神社、三番目に崇敬神社を重ねましょう。

一年たったら、神社に持っていき、神札を納めてください。古札置き場がないときは、神職に「新しいものに変えたいので」と伝えて手渡ししてください。

一年たっても神札を納めずそのままにしておくと、神札が穢れてきます。穢れると、そこにもののけ（邪気や邪霊）が憑いてきますので、必ず新しいものに替えるようにしてください。

神棚への祈り方

神棚には、家長（世帯主）が中心になって手をあわせてください。「子は親の背を見て育つ」というように、その姿（背中）を見た子も、神さまを信じるようになり手をあわせるようになるものです。

神棚には、毎朝、毎晩（帰宅後か就寝前）にお祈りをするようにしましょう。朝は一日の安穏をお祈りすることで、仕事や勉強に励み、誠実な気持ちで過ごせるようになるでしょう。そして、夜に一日の感謝をこめて手をあわせることで、神さまのご加護を感じられるようになるはずです。

ただし、午前一時を過ぎると邪気・邪霊が出やすいので、お祈りは避けてください。

　神棚に向かってお祈りするときは、神棚の中心に天照大御神《あまてらすおおみかみ》の神札を祀っている場合は、「天照大御神　守り給へ　幸はへ給へ」、続いて、「（産土神社）の大神《おおかみ》　守り給へ　幸はへ給へ」、最後に「（崇敬神社）の大神　守り給へ　幸はへ給へ」と唱えた後、日本の平和、友人、知人、親戚、家族の幸せ、そして自分の願いを祈ってください。

　まずは、他のために祈ることで、自分の願いも叶いやすくなるということを忘れずに。

お守りの身につけ方

　お守りは**常に身につけておくことが一番**です。そうすることで、神さまからのご利益を授かりやすくなるからです。いつも持っているカバンにつけてもいいし、首からぶらさげてもOK（ただし、ひもをひっかけて首をつらないように注意）。決して粗末に扱わないようにしてください。

　いろいろな神社で購入したお守りを一緒に持ち歩くと、神さま同士がケンカしてしまうのでは？と心配される方もいますが、神さまはケンカなどしません。

　むしろ、自分よりも専門分野の神さまがきたら、その神さまに願いを叶えてもらうように譲り合ってくれます。

　ただし、一年経ったら、新しいものに取り換えてくださいね。神札と同様、穢れることで、もののけが憑きやすくなるので気をつけましょう。

付録1 祝詞を唱えて清らかな心をキープ

祝詞《のりと》とは、神さまにわかりやすい日本古来の大和言葉《やまと》で、神さまのご活躍とご神力をたたえ、そのご神力で私たちを守ってくださいとお願いするもの。

ここでは、二つの祝詞を掲載しました。

一つめは、現在の神道の各種祭祀に唱えられている「大祓詞《おおはらへのことば》」以前に、長きにわたって奏上されてきた霊験あらたかな「旧大祓詞《おおはらへのことば》（中臣祓《なかとみのはらへ》）」。唱えるだけで穢れを祓うことができる強いパワーをもった祝詞ですので、汚い言葉を吐いたり心で思ったりしたとき、意地悪なことをしたとき考えたとき、怒られて嫌な気分になったときなどに、神棚に向かって唱えましょう。

また、これから大切な面接、試験の前に唱えても効果があります。よこしまな心が晴れて、心がすっきりとリセットできるでしょう。

二つめの祝詞は、毎日の神棚に手をあわせるときに唱えることで心が清らかになる「神棚拝詞《はいし》」です。短い祝詞ですが、神棚に向かって唱えると、気持ち、そして場が清浄になり、とてもすがすがしい気分になれるでしょう。

祝詞を上手に活用して、清らかな心を保ってください。

大祓詞（中臣祓）

高天原《たかあまはら》に神留坐《かむづまりま》す　皇親神漏岐神漏美命《すめむつかむろぎかむろみのみこと》以《もち》て　八百萬神等《やほよろづのかみたち》を神集《かむつど》へに集《つど》へ賜《たま》ひ　神議《かむはか》りに議《はか》り賜《たま》ひて　我皇御孫命《あがすめみまのみこと》は　豊《とよ》葦原水穂国《あしはらのみづほのくに》を　安国《やすくに》と平《たひら》けく知食《しろしめ》せと事依奉《ことよさしまつ》りき　如此依奉《かくよさしまつ》りし国内《くぬち》に　荒振神等《あらぶるかみたち》をば　神問《かむと》はしに問賜《とはしたま》ひ　神掃《かむはら》ひに掃《はら》ひ賜《たま》ひて　語問《ことと》ひし磐根樹立草《いはねきねたちくさ》の垣葉《かきは》をも語止《ことや》めて　天之磐《あめのいは》座放《くらはな》ち　天之八重雲《あめのやへぐも》を伊頭《いづ》の千別《ちわ》きに千別《ちわ》きて　天降《あまくだ》し依奉《よさしまつ》りき　如此依奉《かくよさしまつ》りし四方《よも》の国中《くになか》と　大倭日高見国《おほやまとひだかみのくに》を安国《やすくに》と定《さだ》奉《まつ》りて　下津磐根《したついはね》に宮柱太敷立《みやばしらふとしきた》て　高天原《たかあまはら》に千木高知《ちぎたかし》りて　皇御孫命《すめみまのみこと》の美頭《みづ》の御舎仕奉《みあらかつかへまつ》りて　天之御蔭日之御蔭《あめのみかげひのみかげ》と隠坐《かくりま》して　安国《やすくに》と平《たひら》けく知食《しろしめ》さむ国内《くぬち》に　成出《なりい》でむ天之益人等《あめのますひとら》が過《あやま》ち犯《をか》しけむ雑雑《くさぐさ》の罪事《つみごと》は　天津罪《あまつつみ》と　畔放《あはなち》　溝埋《みぞうめ》　樋放《ひはなち》

頻蒔《しきまき》　串刺《くしさし》　生剥《いきはぎ》　逆剥《さかはぎ》　屎戸《くそへ》　許許太久《ここだく》の罪《つみ》を天津罪《あまつつみ》と法《のり》
別《わ》けて　国津罪《くにつつみ》と　生膚断《いきはだたち》　死膚断《しにはだたち》　白人《しろひと》　胡久美《こくみ》　己《おの》が母《はは》
犯《をか》せる罪《つみ》　己《おの》が子《こ》犯《をか》せる罪《つみ》　母《はは》と子《こ》と犯《をか》せる罪《つみ》　子《こ》と母《はは》と犯《をか》
せる罪《つみ》　畜犯《けものをか》せる罪《つみ》　昆虫《はふむし》の災《わざはひ》　高津神《たかつかみ》の災《わざはひ》　高津鳥《たかつとり》の災《わざはひ》
畜仆《けものたふ》し　蠱物為《まじものせ》る罪《つみ》　許許太久《ここだく》の罪《つみ》出《い》でむ　如此《かく》出《い》でば　天《あま》
津宮事《つみやごと》以《もち》て　天津金木《あまつかなぎ》を本打切《もとうちき》り末打断《すゑうちた》ちて　千座《ちくら》の置座《おきくら》に
置《お》き足《たら》はして　天津菅曾《あまつすがそ》を本刈断《もとかりた》ち末刈切《すゑかりき》りて　八針《やはり》に取辟《とりさ》
きて　天津祝詞《あまつのりと》の太祝詞事《ふとのりとごと》を宣《の》れ　如此宣《かくの》らば　天津神《あまつかみ》は天《あめ》
磐戸《いはと》を押披《おしひら》きて　天之八重雲《あめのやへぐも》を伊頭《いづ》の千別《ちわ》きに千別《ちわ》きて聞食《きこしめ》
さむ　国津神《くにつかみ》は高山《たかやま》の末《すゑ》　短山《ひきやま》の末《すゑ》に上坐《のぼりま》して　高山《たかやま》の伊穂《いほ》
理《り》　短山《ひきやま》の伊穂理《いほり》を撥別《かきわ》けて聞食《きこしめ》さむ　如此聞食《かくきこしめ》してば　皇《すめ》
御孫命《みまのみこと》の朝廷《みかど》を始《はじ》めて　天下四方国《あめのしたよものくに》には　罪《つみ》と云《い》ふ罪《つみ》は在《あ》ら
じと科戸之風《しなどのかぜ》の天之八重雲《あめのやへぐも》を吹《ふ》き放《はな》つ事《こと》の如《ごと》く　朝《あした》の御霧夕《みぎりゆふべ》

の御霧《みぎり》を　朝風夕風《あさかぜゆふかぜ》の吹掃《ふきはら》ふ事《こと》の如《ごと》く　大津辺《おほつべ》に居《を》る大船《おほぶね》を舳解《へと》き放《はな》ち艫解《ともと》き放《はな》ちて　大海原《おほうなばら》に押放《おしはな》つ事《こと》の如《ごと》く　彼方《をちかた》の繁木《しげき》が本《もと》を　焼鎌《やきがま》の敏鎌《とがま》以《もち》て打掃《うちはら》ふ事《こと》の如《ごと》く　遺《のこ》る罪《つみ》は在《あ》らじと　祓《はら》へ給《たま》ひ清《きよ》め給《たま》ふ事《こと》を　高山《たかやま》の末《すゑ》　短山《ひきやま》の末《すゑ》より佐久那太理《さくなだり》に落《お》たぎつ速川《はやかわ》の瀬《せ》に坐《ま》す瀬織津比咩《せおりつひめ》と云《い》ふ神《かみ》大海原《おほうなばら》に持出《もちい》でなむ　如此《かく》持出往《もちいでい》なば　荒塩《あらしほ》の塩《しほ》の八百道《やほぢ》の八塩道《やしほぢ》の　塩《しほ》の八百会《やほあひ》に坐《ま》す速開都比咩《はやあきつひめ》と云《い》ふ神《かみ》　持可可呑《もちかかの》みてむ　如此可可呑《かくかかの》みてば　気吹戸《いぶきど》に坐《ま》す気吹戸主《いぶきどぬし》と云《い》ふ神《かみ》根国底国《ねのくにそこのくに》に気吹放《いぶきはな》ちてむ　如此気吹放《かくいぶきはな》ちてば　根国底国《ねのくにそこのくに》に坐《ま》す速佐須良比咩《はやさすらひめ》と云《い》ふ神《かみ》　持佐須良比失《もちさすらひうしな》ひてむ　如此失《かくうしな》ひてば　天下四方《あめのしたよも》には　今日《けふ》より始《はじ》めて罪《つみ》と云《い》ふ罪《つみ》は在《あ》らじと祓《はら》ひ給《たま》へ清《きよ》め給《たま》へと申《まを》す事《こと》の由《よし》を　天津神国津神《あまつかみくにつかみ》　八百萬《やほよろづ》の神等共《かみたちとも》に聞食《きこしめ》せと　恐《かしこ》み恐《かしこ》み申《まを》す

神棚拝詞

此《これ》の神床《かむどこ》に坐《ま》す　掛《か》けまくも畏《かしこ》き　天照大御神《あまてらすおほみかみ》
産土大神等《うぶすなのおほかみたち》の大前《おほまえ》を拝《おろが》み奉《まつ》りて　恐《かしこ》み恐《かしこ》みも白《まを》さく
大神等《おほかみたち》の広《ひろ》き厚《あつ》き御恵《みめぐ》みを辱《かたじけな》み奉《まつ》り
高《たか》き尊《たふと》き神教《みをしえ》のまにまに　直《なほ》き正《ただ》しき真心《まごころ》持《も》ちて
誠《まこと》の道《みち》に違《たが》ふことなく　負《お》ひ持《も》つ業《わざ》に励《はげ》ましめ給《たま》ひ
家門《いへかど》高《たか》く　身健《みすこやか》に　世《よ》のため人《ひと》のために
尽《つ》くさしめ給《たま》へと　恐《かしこ》み恐《かしこ》みも白《まを》す。

付録2　ご神徳をいただける神社マップ

二章で紹介した神社を地図で示しました。日本全国に聖なる神々が宿っておられます。気になる神社の場所を確認して、正式参拝計画を立ててみてはいかがですか？

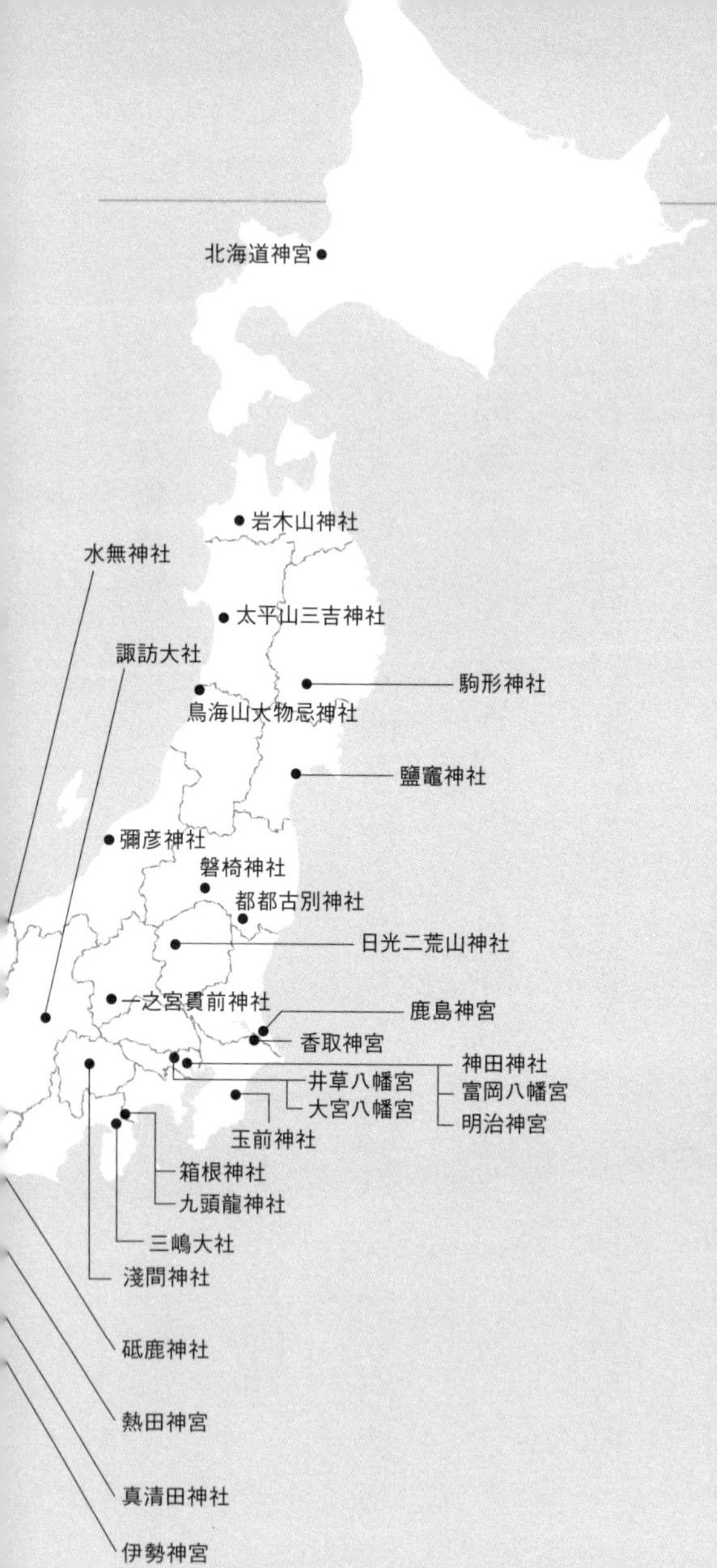
北海道神宮
岩木山神社
水無神社
太平山三吉神社
諏訪大社
駒形神社
鳥海山大物忌神社
鹽竈神社
彌彦神社
磐椅神社
都都古別神社
日光二荒山神社
一之宮貫前神社
鹿島神宮
香取神宮
神田神社
井草八幡宮
富岡八幡宮
大宮八幡宮
明治神宮
玉前神社
箱根神社
九頭龍神社
三嶋大社
淺間神社
砥鹿神社
熱田神宮
真清田神社
伊勢神宮

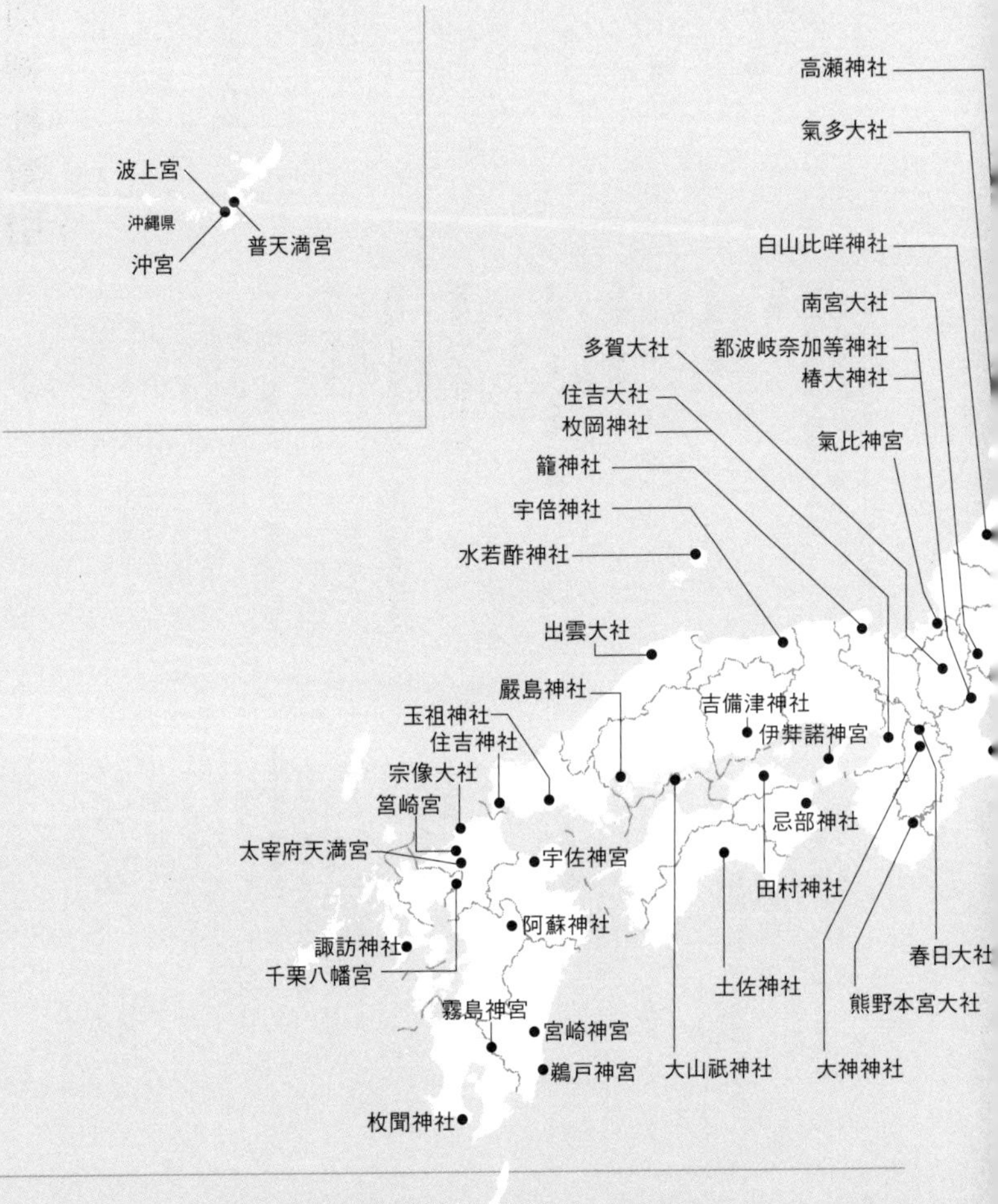
波上宮
沖縄県
普天満宮
沖宮
高瀬神社
氣多大社
白山比咩神社
南宮大社
多賀大社
都波岐奈加等神社
椿大神社
住吉大社
枚岡神社
氣比神宮
籠神社
宇倍神社
水若酢神社
出雲大社
嚴島神社
吉備津神社
玉祖神社
住吉神社
伊弉諾神宮
宗像大社
筥崎宮
忌部神社
太宰府天満宮
宇佐神宮
田村神社
阿蘇神社
諏訪神社
千栗八幡宮
春日大社
土佐神社
熊野本宮大社
霧島神宮
宮崎神宮
鵜戸神宮
大山祇神社
大神神社
枚聞神社

ご神徳別神社索引

望むご神徳をいただける神社探しにお役立てください

西邑清志　にしむら きよし

開運神社ナビゲーター。
國學院大學神道文化学部 神職課程卒業。正階位。
平安時代から続く神社祠官の家系に生まれる。
（現在は、旧牛頭天王社〈現 米川神社〉の摂社、
温見神社〈山口県下松市〉を西邑家 縁戚の橘氏が祭祀する）。
一般企業（レコード会社二社）での勤務を経て、
神社で神職としての助勤のほか、開運神社の案内役として、
日本全国を飛び回り、日々活躍中。

マンガ・イラスト――原田祐仁子
ブックデザイン――アルビレオ
校正――くすのき舎
編集協力――梅木里佳（チア・アップ）

みんなの神さま
神社で神さまとご縁をつなぐ本
神さまの専門分野を知って、ご利益を確実にいただくために

著者――西邑清志
発行者――永岡修一
発行所――株式会社 永岡書店
〒176-8518 東京都練馬区豊玉上1-7-14
代表：03（3992）5155
編集：03（3992）7191
DTP――編集室クルー
印刷――精文堂印刷
製本――ヤマナカ製本
ISBN978-4-522-43227-3 C2076